EVALUATING SUPPLY CHAIN RESILIENCE
The ICT Industry

供应链韧性
基于ICT行业的评价指标体系

肖勇波 祁宏升 樊星 上官莉莉
孔德梅 朱昊若 朱丽雯　　◎著

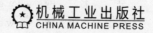
机械工业出版社
CHINA MACHINE PRESS

供应链韧性涉及国家安全，是政府、工业界和学术界共同关心的话题。目前工业界和学术界还没有公认的供应链韧性评价指标体系。本书结合ICT行业的管理实践和该行业可能面临的冲击，基于冲击前、冲击中和冲击后的逻辑，在大量企业访谈的基础上，首次构建了一套综合反映包容性、适应性和恢复性的完善的供应链韧性评价指标体系，并系统梳理了企业应该从哪些维度采取何种策略来打造供应链韧性能力。

本书可作为高等院校管理科学与工程类专业本科生和研究生的教材，也可作为ICT等相关行业企业内部培训教材和参考用书。

图书在版编目（CIP）数据

供应链韧性：基于ICT行业的评价指标体系 / 肖勇波等著 . -- 北京：机械工业出版社，2025. 3. -- ISBN 978-7-111-77990-2

Ⅰ. F252.1

中国国家版本馆CIP数据核字第2025GY6191号

机械工业出版社（北京市百万庄大街22号　邮政编码100037）
策划编辑：张有利　　　　　　　责任编辑：张有利　章承林
责任校对：邓冰蓉　杨　霞　景　飞　　责任印制：刘　媛
三河市骏杰印刷有限公司印刷
2025年5月第1版第1次印刷
170mm×230mm · 10.5印张 · 136千字
标准书号：ISBN 978-7-111-77990-2
定价：69.00元

电话服务　　　　　　　　　　　网络服务
客服电话：010-88361066　　　　机　工　官　网：www.cmpbook.com
　　　　　010-88379833　　　　机　工　官　博：weibo.com/cmp1952
　　　　　010-68326294　　　　金　书　网：www.golden-book.com
封底无防伪标均为盗版　　　　　机工教育服务网：www.cmpedu.com

| 项目完成单位 |

- 清华大学经济管理学院
- 清华大学现代管理研究中心
- 联想研究院
- 联想全球供应链

专家委员会和研究团队名单

● 专家委员会

陈　剑	清华大学经济管理学院联想讲席教授
高旭东	清华大学经济管理学院教授
关　伟	联想全球供应链负责人，联想集团高级副总裁
范建平	联想研究院人工智能实验室负责人，联想集团副总裁

● 课题组联合组长

肖勇波	清华大学经济管理学院教授
祁宏升	联想研究院人工智能实验室智能数据总监

● 课题组成员

郭迅华	清华大学经济管理学院教授
梁　湧	清华大学经济管理学院副教授
上官莉莉	清华大学经济管理学院博士后
孔德梅	清华大学经济管理学院博士后
李　扬	清华大学经济管理学院博士后
胥青云	清华大学经济管理学院博士后
朱昊若	清华大学经济管理学院博士后
朱丽雯	清华大学经济管理学院博士生
林群庚	清华大学经济管理学院博士生
段辉丽	联想全球供应链智能运营管理总监
樊　星	联想全球供应链战略与运营高级总监
何　媛	联想研究院人工智能实验室高级研究员
马颖政	联想研究院人工智能实验室主管研究员

序

目前世界正处于百年未有之大变局，虽然新冠疫情的影响正在散去，但是中美贸易摩擦、俄乌冲突和巴以冲突等重大事件给全球供应链造成的巨大冲击有愈演愈烈之态势。世界格局正在从全球化向逆全球化方向发展。近几年，美国国会通过的《芯片和科学法案》、欧洲推出的《供应链法》以及日本、印度、澳大利亚推出的"供应链弹性倡议"等加速了"去全球化"的进程，对以信息与通信技术等行业为代表的产业链供应链带来了极为深刻和长远的影响。随着中国人口红利的释放和消费电子等市场的饱和，中国生产要素成本（如劳动力成本）优势也正在丧失；以三星、苹果、富士康、东芝、戴尔等为代表的制造企业正在逐步向印度以及越南和泰国等东南亚国家迁移；印度等国家提出的国家制造战略则进一步加速了这种外迁的态势。作为一个制造强国，我国的信息通信、新能源、新材料、航空航天、化工、军工等关键产业链供应链面临着可持续发展方面的巨大挑战。

随着地缘政治的持续发酵，在未来很长一段时间内，我国还将继续面临各种不可控的、来自国际环境和政治因素的未知挑战，还会有各种不确定性事件来冲击我国的供应链。因此，如何持续提升我国供应链抵御重大突发事件的能力以及如何打造我国供应链从重大冲击中快速恢复的能力，成为我国亟待解决的"卡脖子"难题。供应链韧性与安全被公认为关乎国家的稳定与安全，是当前政府、工业界和学术界共同关注的问题，已经被提升至国家战略的高度。国家领导人曾多次强调供应链韧性的重要性。比如，2022年10月16日，习近平总书记在党的二十大开幕会中提到要"着力提升产业链供应链韧性和安全水平"；2022年3月5日，李克强总理在《政府工作报告》中指出要"促进工业经济平稳运行，加强原材料、关键零部件等供给保障，实施龙头企业保链稳链工程，维护产业链供应链安全稳定"。在此环境下，越来越多的企业也将供应链韧性提升到和供应链效率同等的高度，比如，联想提出了"效率为本，韧性为先，增长为要"的全球供应链战略，华为也将其供应链战略定位为"极简＋韧性"。作为一个相对定性的概念，供应链韧性目前还缺乏一套系统的管理理论与方法。近几年，教育部、国家自然科学基金委员会、国家社会科学基金委员会、工业和信息化部等部门都设立了和供应链韧性与安全相关的课题，鼓励学者围绕这一话题，结合现实企业的"卡脖子"问题展开深入的研究。

供应链韧性能力应对的是供应链中可能出现的各种重大冲击事件。来自供应链内部和外部的潜在冲击不同于传统的运营风险，具有来源多元化、不可预测性、危害严重等特点。冲击的发生会导致供应链中供需匹配的严重失衡，甚至会通过"涟漪效应"迅速蔓延到整个供应链，从而带来灾难性后果。传统的效率型供应链已经不适应当前风云变幻的国际环境，面临着可持续发展方面的重大挑战。那么，如何打造和提升我国关键产业链的韧性与安全？本书将聚焦信息与通信技术行业，围绕该行业过去遭受的重大冲击以及未来发展趋势，从微观（企业内部运营管理）、中观（市场竞争态势与政府管制)和宏观(政治、军事、经济等外部环境)三个层面系统梳理行业面临的潜在冲击,并分析冲击带来的可能影响。在此基础上,遵循冲击前、冲击中和冲击后的逻辑,分别构建包容性(Absorption)、适应性(Adaption)和恢复性(Restoration)三个维度的供应链韧性评价指标体系,并结合层次分析法提出供应链韧性的评价方法。进一步地,结合联想全球供应链的虚拟数据进行供应链韧性试验性评价。最后,针对如何有效打造供应链韧性能力的问题,本书提出了要从运营战略、运营组织架构、供应链拓扑结构、运营策略以及数智化赋能五个层面进行统筹规划和系统设计。

本书是联想—清华大学产学研深度融合专项计划之课题"供应链韧性管理体系建设中的关键技术"的阶段性研究成果。本书受到国家自然科学基金重大项目课题"面向供应链韧性与安全的行为决策理论与方法"(编号72293561)和国家自然科学基金杰出青年基金(编号72125002)的资助。课题由清华大学经济管理学院、清华大学现代管理研究中心、联想研究院、联想全球供应链合作完成。书稿撰写主要是在清华大学经济管理学院管理科学与工程系肖勇波教授、联想研究院人工智能实验室智能数据总监祁宏升的联合指导下,由清华大学经济管理学院博士后上官莉莉、孔德梅、朱昊若以及博士生朱丽雯完成的。朱昊若和林群庚在全书的统稿中发挥了重要作用。因为时间仓促,作者水平有限,书中还有很多不足之处,欢迎读者批评指正。

百年未有之大变局对很多行业是挑战,也意味着机会。本书对相关行业在新的历史时期如何审视供应链韧性、如何优化和调整全球供应链的布局与拓扑结构,并建立合适的冲击预警、应急反应以及快速恢复机制,来更好地应对各种未知的重大冲击并促进供应链效率和供应链韧性的有机协同提供了有益的参考与决策框架。

肖勇波
2024 年 12 月于清华园

| 目 录 |

项目完成单位
专家委员会和研究团队名单
序

第 1 章 供应链韧性概述 /1

  1.1 全球供应链安全面临的挑战 /1
  1.2 供应链韧性概念 /9
  1.3 供应链韧性现状 /14
  1.4 我国 ICT 行业供应链韧性的重要性 /18

第 2 章 ICT 行业的潜在冲击 /27

  2.1 相关概念界定 /27
  2.2 ICT 行业的潜在冲击识别 /31
  2.3 ICT 行业的潜在冲击等级划分 /44

第3章　ICT供应链韧性评价指标体系　/ 73

3.1　相关概念界定　/ 73

3.2　评价指标体系设置原则　/ 78

3.3　评价指标识别　/ 79

3.4　评价指标体系构建　/ 98

第4章　供应链韧性评价与度量　/ 101

4.1　供应链韧性评价方法　/ 101

4.2　评价指标度量方法　/ 103

第5章　供应链韧性试验性评价　/ 118

5.1　供应链韧性评价指标权重　/ 118

5.2　供应链韧性评价指标测算结果　/ 125

5.3　供应链韧性综合评价结果　/ 127

第6章　打造供应链韧性能力　/ 130

6.1　运营战略　/ 132

6.2　运营组织架构　/ 134

6.3　供应链拓扑结构　/ 137

6.4　运营策略　/ 141

6.5　数智化赋能　/ 151

结　　语　/ 154

参考文献　/ 156

| 第 1 章 |
供应链韧性概述

1.1 全球供应链安全面临的挑战

1. 全球供应链安全面临的主要挑战

改革开放以来,中国经济实现了跨越式发展,特别是在制造业领域取得了举世瞩目的成就。曾经的中国制造业凭借低廉的成本和庞大的规模,成为全球供应链的"世界工厂",为世界各地提供了海量的商品。然而,随着时间的推移和技术的革新,中国制造业已经实现了从低端到高端的转型,高端制造正日益成为中国制造的新标签。自从中国加入世界贸易组织(WTO)以来,全球经济一体化加速推进,各国企业纷纷采取全球化战略,优化资源配置,追求成本效益最大化,中国在全球供应链中的角色也日益重要。但近年来,全球供应链体系却遭遇了前所未有的多重挑战:政治摩擦加剧、军事冲突延宕、极端天气频发、产业转移加快等。这些重大突发事件相互交织,带来了一系列连锁反应,加速了全球供应链的重构进程,全球供应链安全面临着空前的挑战。

首先,以贸易冲突为代表的政治摩擦进一步提升了供应链风险。2018年6月,美国开启对华贸易战,通过禁止芯片贸易等举措阻碍中国高精尖行业发展。美国商务部工业与安全局(BIS)和财政部海外资产控制办公室(OFAC)分别将多个中国实体加入其"实体清单"和"特别指定国民清单",限制这些实体与美国企业的交易,例如将华为列入实体清单,限制美国企业与华为的交易,试图遏制华为在5G等关键技术领域的发展。欧盟和美国之间也存在着频繁的贸易冲突。欧盟认为美国科技公司在欧洲市场获取了巨额利润,但缴纳的税收却相对较少,因此决定征收数字税以弥补税收损失。美国对此表示强烈反对,并威胁要对欧盟征收报复性关税。双方就数字税问题进行了多次谈判,但至今仍未达成共识。此外,根据商务部中国贸易救济信息网的数据,印度在2023年全年共对中国发起了高达24起贸易救济调查,成为全球范围内对中国发起贸易救济调查最多的国家。调查涉及的行业包括化学原料和制品工业、金属制品工业、非金属制品工业等,而这些贸易救济调查对中国相关产品的出口造成了不利影响。在这些贸易冲突的背景下,全球供应链加剧收缩,供应链日趋碎片化、区域化。

其次,新冠疫情也对全球供应链带来了深刻的影响。新冠疫情初期,全球多个国家和地区实施了严格的封锁措施,导致国际航班大幅减少,港口运营受限,全球物流体系受到严重冲击。新冠疫情期间,很多工厂和工地停工停产,产品供给侧产生了很大的缺口,下游企业由于无法获得物料,受到重大影响。一些原材料生产国因新冠疫情暴发而关闭工厂或限制出口,导致全球市场上某些原材料供应短缺。例如,口罩生产所需的熔喷布等原材料一度供不应求,价格飙升,影响了口罩等防疫物资的生产和供应。同时,由于人们的消费习惯和产品需求发生了显著变化,餐饮、旅游、娱乐等行业的市场需求在短时间内断崖式下跌。这导致了许多相关企业面临业务锐减和经营困难的问题。例如，作为全球旅游和娱乐业的霸主，迪士尼在新冠疫情期间遭受了重创。其2020年第一季度财报显示，净利润同比骤降了91%，六大乐园关闭，股价下跌，数万员工停薪。作为国内签证服务行业的龙头企业，百程旅行网也未能幸免于难。由于出境人数的大幅缩减，其在2020年2月底宣布关闭并启动清算准备。这些例子充分体现了新冠疫情对相关行业的严重影响。

再次，愈演愈烈的地缘政治源自越来越多国家间的非理性博弈行为，例如俄乌冲突和巴以冲突都加剧了地缘政治的紧张局势，使得国际关系和信任受到严重损害。这种紧张局势导致各国更加倾向于保护自身利益和安全，而非追求全球经济一体化。为了惩罚俄罗斯或支持某一方，西方国家实施了一系列经济制裁措施，包括冻结资产、禁止贸易等。这些制裁措施不仅影响了俄罗斯的经济稳定，也破坏了全球供应链和贸易体系，进一步推动了逆全球化的进程。由于冲突导致的运输受阻和基础设施破坏，部分地区的能源供应面临中断风险，这可能导致全球能源供给不足、价格走高，进而使全球面临严峻的能源危机。

从次，地震、海啸、洪涝、山火等极端自然灾害的频繁爆发导致产品的生产和物流频繁中断，增加了企业全球供应链管理的风险。2022年夏季，四川遭遇了历史同期最高极端温度、最少降水量、最高电力负荷的"三最"叠加局面，导致高温灾害与旱灾并行，电力供需矛盾极为突出。为了保障民生用电及电网安全，四川省采取了有序用电措施，要求部分工业企业停产让电于民。至少有20家上市公司发布了因四川有序用电政策而停产的公告，包括京东方、泸天化、宏达股份、东材科技等。四川是中国电子信息产业重镇和光伏晶硅的重要生产基地，停产对供应链的影响不容忽视。例如，四川的多晶硅产量约占全国产量的13%，停产将影响光伏产业链供应链的稳定性。2011年日本东北部海域发生9.0级强烈地震并引发巨大海啸，导致福岛第一核电站发生严重核泄漏事故。这场灾难不仅影响了日本本国的供应链，还波及了全球其他依赖从日本进口零部件的国家的汽车和电子等行业。

最后，随着市场饱和与劳动力要素成本的上升，制造业也持续地在全球范围内发生着大范围的转移与变迁。20世纪初，受益于第二次工业革命，美国工业迅速发展，逐渐取代了英国工业的全球领导地位。福特汽车公司（Ford Motor Company）引入了流水线生产方式，极大地提高了汽车生产效率，降低了成本。这一创新不仅改变了美国的汽车行业，也影响了全球汽车制造业的发展。20世纪50年代，美国在第二次世界大战后成为全球经济的领导者，出于战略考虑，其开始将部分制造业转移至其他国家和地区。日本在美国的支持下成为西方的"亚洲工厂"，制造业以年均13.2%的速度发展，远超其他发达国家。日本在汽车、电子等领域迅速崛起，如丰田汽车的精益生产模式对全球制造业产生了深远影响。德国的经济在第二次世界大战后迅速恢复，凭借其强大的工业基础和科研能力，在汽车、机械等领域保持领先地位，如奔驰、宝马等汽车品牌享誉全球。20世纪60—70年代，亚洲四小龙（韩国、中国台湾、中国香港、新加坡）通过出口导向型战略，重点发展劳动密集型的加工产业，实现了经济腾飞。韩国举全国之力发展工业，从纺织、鞋类等轻工业到钢铁、造船等重工业都有了快速发展，成为世界上造船业最发达的国家之一。中国台湾在经济快速发展时期，承接了大量来自美国和日本的劳动密集型产业，逐渐成为电子代工业的巨头，如台积电等企业在全球半导体产业中占据重要地位。新加坡则通过成立裕廊工业园、招商引资等措施，迅速发展制造业，特别是在电子、石化等领域，成为全球重要的生产基地。20世纪80年代，随着中国改革开放的深入，低廉的劳动力成本和庞大的市场需求吸引了大量外资涌入。深圳、东莞等城市迅速崛起为制造业中心，吸引了大量外资企业和代工企业入驻。中国制造业在短时间内实现了飞跃式发展，成为全球最大的制造业国家之一，被誉为"世界工厂"。随着中国劳动力成本的上升和市场饱和，部分制造业开始寻求更低成本的生产基地。2020年以来，越南、柬埔寨、印度尼西亚等国家凭借低廉的劳动力成本和政府支持，承接了大量从中国转移的劳动密集型产业。印度凭借其庞大的劳动力资源和英语优势，吸引了部分高端制造业和服务业的投资，如信息技术、汽车制造等领域。制造业的全球转移与变迁是一个动态的过程，受到多种因素的影响。随着全球经济的不断发展和变化，未来制造业的转移趋势仍将持续并可能出现新的变化。

2. 重大突发事件的特点

这些重大突发事件既有类似地缘政治博弈这样的人为事件，也有自然灾害这样的非人为事件。相较于传统的供应链运营风险，上述事件都具有影响面广泛、来源多元化、影响深远以及难以预测的特征，对于企业的运营会造成更加深刻的影响。

首先，重大突发事件的影响面广泛，往往会引发连锁反应。一个事件会波及其他产业乃至其他国家和地区，容易造成系统性影响。例如自2018年起的中美贸易摩擦不仅直接影响了中美两国的进出口企业，还引发了全球范围内的供应链调整和市场波动。许多依赖中美两国市场或供应链的企业都受到了不同程度的冲击。随着贸易争端的持续，一些企业开始寻找替代供应商或市场，这进一步推动了全球供应链的重组和变革。

其次，这些突发事件的来源多元化，其来源可能包括政治、经济、军事以及自然灾害等多个方面。这些冲击源自多维度、多领域的复杂交织因素，深刻影响着全球供应链的稳定性与韧性。不论是贸易政策变动，还是金融危机或军事冲突，都可能导致供应链成本上升、效率下降、生产停滞、运输中断等后果，对全球供应链带来巨大冲击。

再次，重大突发事件往往会造成深远的影响，人们的生活和工作模式都会发生翻天覆地的变化。在 2008 年的全球金融危机后，银行、保险公司等金融机构面临巨大亏损和资金压力，部分机构甚至破产或被政府接管。由于需求下滑和信贷紧缩，制造业企业面临订单减少、库存积压和资金链断裂的困境，大量企业裁员或倒闭。动荡的就业市场也促使人们重新评估自己的职业规划和发展方向，远程办公、灵活就业等新型工作模式逐渐兴起，以适应经济不确定性和就业市场的变动。

最后，重大突发事件难以预测。一系列黑天鹅事件在过往均未发生，无法进行精准预测，概率论往往也难以对此类事件的发生做出度量。例如在 2004 年 12 月 26 日前，印度洋地区从未发生过大规模的海啸，因此当地居民和国际社会都缺乏足够的警惕和准备。当天，印度尼西亚苏门答腊岛附近海域发生强烈地震并引发巨大海啸，波及印度尼西亚、泰国、斯里兰卡等多个印度洋沿岸国家。这场海啸造成了数十万人死亡和失踪，以及巨大的经济损失。它再次证明了自然灾害的不可预测性和破坏力，同时也促使国际社会加强了对自然灾害的监测和预警。

3. 重大突发事件对企业运营的影响

这些重大突发事件往往会造成供需的严重失衡（如图 1-1 所示）。无法对供需进行合理匹配对企业造成的不仅是短期损害，也会造成严重的长期影响。这种影响不仅局限于单个企业层面，也会在整个行业内扩散，造成系统性影响。

重大突发事件往往会在供给侧造成严重的供应中断。例如，美国为了维护其科技霸主地位，对包括中国在内的多个国家实施了芯片出口限制，特别是针对高端 AI 芯片和先进制程芯片的断供。依赖美国芯片供应的企业面临供应中断的风险，生产成本上升，交货期延长。新冠疫情暴发以来，全球多个国家和地区采取了严格的防控措施，对全球制造业造成了巨大冲击，导致许多工厂无法正常生产，下游企业因此面临严重的供应中断。苏伊士运河是全球最重要的贸易通道之一，连接红海和地中海，是亚洲和欧洲之间最为便捷的海上航线。2021 年 3 月，一艘超大型集装箱船在苏伊士运河搁浅，导致运河堵塞数天之久，数百艘船只无法通行，使全球贸易受阻，特别是亚洲和欧洲之间的货物运输发生中断。

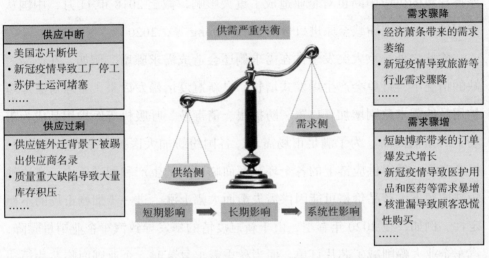

图 1-1　重大突发事件造成供需严重失衡

此外，重大突发事件在供给侧还可能造成供应过剩。在供应链外迁的背景下，若被踢出供应商名录，面对订单的突然减少或取消，企业往往难以迅速调整生产计划。生产线可能仍在继续生产原本为被踢出客户准备的产品，导致这些产品无法及时销售，从而形成堆积。而当企业产品存在重大质量缺陷时，客户可能会大量退货并要求索赔。这不仅会导致企业产生直接的经济损失，还会影响企业的品牌形象和声誉。一旦产品出现质量问题并被曝光，市场需求将迅速下降，消费者将对该产品及其品牌产生不信任感，转而选择其他品牌的产品。这将导致企业原本计划销售的产品无法售出，形成库存积压。

在需求侧，重大突发事件往往会造成需求骤降的情况。诸如经济萧条和新冠疫情等外部冲击对经济活动的影响深远，导致了广泛而深刻的需求萎缩和骤降，这种影响在旅游、零售、餐饮、娱乐行业及制造业中的非必需品生产等领域尤为显著。由于新冠疫情限制了人员流动，跨国和跨地区旅行受到严格限制或民众自发减少，导致旅游业遭受前所未有的打击。酒店、航空、旅行社、景点等直接相关行业收入骤降，甚至面临生存危机。由于中美贸易摩擦导致的供应中断也对企业造成了重大影响，截至2018年11月，中国从美国进口的猪肉缩减至原进口量的30%（Dong等，2020）。

除此之外，重大突发事件在需求侧还会造成需求骤增。例如，在产品短缺的情况下，订单会产生爆发式增长。自新冠疫情暴发以来，全球对医疗防护用品的需求急剧增加。口罩、防护服、消毒液、呼吸机等医护用品成为市场上的紧俏商品。为了满足市场需求，各国纷纷加大医护用品的生产力度，提高产能，使得供应链上的各个环节都面临巨大的生产和配送压力。在这种短缺博弈下，产品价格可能因供需失衡而大幅上涨，进一步加剧市场的不稳定性。例如，在2020年春季，由于新冠疫情的暴发导致汽车企业销量骤降，汽车企业大幅削减了芯片订单。而当秋季需求复苏时，企业则面临芯片短缺的问题，该芯片短缺持续时间估计不短于6个月，波及约50万辆汽车的生产（Inagaki等，2021）。

4. 世界各国的供应链战略调整

当前，世界各国都在进行供应链战略调整，诸如美国、日本等发达经济体通过将制造业向本土转移，进一步加快了逆全球化进程。例如，美国通过提出"购买美国货，雇用美国人"，以实现美国人优先，其中联邦政府采购的本土零件占比从55%提升至75%，并为关键零部件制定新的价格优惠政策，包括半导体、关键药物成分、先进电池等。此外，美国更新了《通胀削减法案》中的先进制造补贴，规定生产和销售方为同一主体的逆变器产品能享受每瓦11美分的补贴，吸引众多企业将产线回流美国。如SolarEdge、

SMA 等全球头部户用储能厂商纷纷计划在美国建厂。SolarEdge 计划回收其海外产能，逐渐以美国工厂为核心。此外，日本也在通过支持海外日资企业撤回国内，逐步降低全球供应链的参与程度，并且出台了对国外产地依赖度高的制成品和零部件生产企业提供一半以上的搬迁费用补助等政策。松下因在中国市场的占有率不足 0.3%，决定在 2024 财年将中高端空调生产线移回日本。松下将为在日本本土工厂建设新的生产线投资约 100 亿日元（约合 5 亿元人民币）。迁移完成后，日本本土生产的松下空调将约占松下空调整体产能的 4 成。

面对全球供应链安全的重大挑战，如何打造和提升关键产业链（例如新能源、信息通信、半导体、航空航天、化工等）供应链的韧性与安全被公认为关乎国家的稳定与安全，是当前政府、业界和学界所共同关注的问题，已经被提升至国家战略的高度。国家领导人曾多次强调供应链韧性的重要性，比如，2022 年 10 月 16 日，习近平总书记在党的二十大开幕会中提到要"着力提升产业链供应链韧性和安全水平"；2022 年 3 月 5 日，李克强总理在《政府工作报告》中指出要"促进工业经济平稳运行，加强原材料、关键零部件等供给保障，实施龙头企业保链稳链工程，维护产业链供应链安全稳定"。在 2022 年 11 月 2 日，国家发展改革委主办了"APEC 加强供应链韧性促进经济复苏论坛"。2024 年的《政府工作报告》也强调了"增强产业链供应链韧性和竞争力"。

1.2　供应链韧性概念

"韧性"这个概念最早起源于物理学，用来描述材料在遭受外力时发生塑性形变和破裂过程中吸收能量的能力，或者受到使其发生形变的力时对折断的抵抗能力。材料的韧性越强，受到外力冲击时发生断裂的可能性就越小，受伤程度也越低，在外力消失时越容易恢复到冲击前的状态。"韧性"的概念后来扩散到生态学、心理学等领域。

直到20世纪80年代，商业和管理领域才开始关注它。但是由于当时实践行业对韧性的需求较小，因此供应链韧性在早期受到的关注有限，并且大部分研究主要关注了供应链受到冲击后的恢复能力，具体的发展历程和关注点如表1-1所示。Rice等（2003）首次将韧性引入供应链领域，并将供应链韧性定义为供应链对意料之外的中断做出反应并恢复正常运营的能力。Christopher等（2004）将其解释为供应链系统在受到干扰后能够恢复到原始状态或者达到一个新的、更理想状态的能力。Longo等（2008）在此基础上进行了延伸，将韧性定义为供应链对内外部风险做出反应，以及快速恢复平衡并保证高绩效水平的能力，强调了在严重干扰情境下供应链的应对和恢复能力。Ponomarov等（2009）从过程的角度提出了一个供应链韧性的概念框架，包含意外事件的准备、中断的响应以及从中断后恢复连续运营的多维度自适应能力，同时强调了在风险情境下供应链业务的持续性、与上下游企业的协作性以及对供应链网络战略方向的掌控力。Pettit等（2013）认为供应链韧性是企业面对扰动变化适应、生存和成长的能力，并开发了一套包含14个指标的供应链韧性测量方法"SCRAMTM"。Ivanov（2021）综合管理、建模和技术的视角，将供应链韧性总结成供应链保持、执行和恢复计划运营以及实现预期绩效的能力，并在书中提供了大量案例用于说明理论概念。

虽然不同学者对于供应链韧性的定义存在差异，但大多都强调"韧性"表达了物体受外力作用时能够保持稳定并不易崩溃的性质和供应链受到冲击后的恢复能力。通过观察供应链实际运营轨迹发现，供应链韧性面对重大冲击包括抵御冲击、适应冲击和从冲击中恢复这三个阶段。例如，福特汽车就通过对其供应链拓扑结构进行评估和优化提升了供应链面对冲击时的预防与抵御能力（Simchi-Levi等，2015）。沃尔玛在新冠疫情期间在多个仓库间共享库存,成功适应了部分门店关闭所带来的商品交付冲击(Chopra等,2021)。在苏伊士运河堵塞期间,华为通过运输路径的重新规划在极短时间内就恢复了超过100个项目的交付(Jiang等,2024)。对比实践与现有研究可以发现,在之前学者的定义中,冲击事件发生时供应链的适应能力很少被提及。

表1-1 学者对供应链韧性的定义

文献	对供应链韧性的定义	重点
Rice等(2003)	供应链对意料之外的中断做出反应并恢复正常运营的能力	首次提出供应链韧性概念
Christopher等(2004)	供应链系统在受到干扰后能够恢复到原始状态或者达到一个新的、更理想状态的能力	第一个正式的定义,强调识别供应链网络中最脆弱的环节
Longo等(2008)	供应链对内外部风险做出反应,以及快速恢复平衡并保证高绩效水平的能力	考虑内部风险,强调严重干扰情境下的应对和恢复能力
Ponomarov等(2009)	供应链对意外事件的准备、中断的响应以及从中断后恢复连续运营的多维度自适应能力	考虑事前准备,强调风险情境下供应链业务的持续性、协作性
Pettit等(2013)	企业面对扰动变化适应、生存和成长的能力	开发了供应链韧性测量方法"SCRAMTM"
Ivanov(2021)	供应链保持、执行和恢复计划运营以及实现预定绩效的能力	提供了减轻中断风险,加速供应链恢复的方法

结合实践与文献,本书对供应链韧性的定义进行了补充和完善。站在系统的角度,本书将供应链韧性定义为:供应链抵御重大突发事件,适应冲击带来的变化并在遭受冲击之后迅速恢复的能力。遵循冲击前、冲击中和冲击后的逻辑,本书构建了供应链韧性的AAR评价指标体系,从包容性(Absorption)、适应性(Adaption)和恢复性(Restoration)三个维度来定义供应链韧性。具体地,从事前预防的角度出发,供应链韧性越强,供应链的包容性就越强,重大冲击(如极端天气、物料断供、生产和物流中断、需求暴增等)带来的负面影响越小,在第一时间供应链各个环节不被破坏而保持动态平衡的能力就越强。从事中应急的角度出发,韧性强的供应链能够在不进行任何恢复供应链尝试的前提下仅通过重构、资源替代等应急措施适应冲击并减少损失。从事后恢复的角度出发,韧性强的供应链能以较小的代价在

较短的时间内恢复甚至超越冲击之前的状态。

不确定性对于供应链的影响通常用稳健性（Stability）、鲁棒性（Robustness）和韧性（Resilience）来刻画。为了更清晰地理解韧性的概念，如表1-2所示，我们总结了供应链管理中稳健性、鲁棒性和韧性之间的共性和差异。稳健性通常用来表述过程控制水平以及在预先确定的界限内返回到扰动前状态的能力（Disney等，2002）。我们通常用稳健性来衡量那些短暂且影响范围有限的冲击对供应链特定部分所造成的影响。鲁棒性是指供应链在承受中断时保持原有绩效的能力，强调的是中断发生时供应链在第一时间不被破坏的能力（Tomlin，2006）。韧性是供应网络中组织复杂的、集体的、适应性的能力。有韧性的供应链能够保持动态平衡，对破坏性事件做出积极的响应并从中恢复，这类供应链通过吸收负面影响以应对意外事件来恢复供应链绩效。不难发现，韧性相较于另外两个概念，能够更好地刻画重大突发事件对于供应链的影响，并从事前、事中、事后全过程的维度衡量供应链在面对冲击时的表现。

表 1-2　不确定环境下供应链的绩效指标

概念	定义	范围	供应链功能或流程中的干扰	供应链绩效	包容性	适应性	恢复性
稳健性	在预定范围内（类似于摆动）能够恢复到之前的未受干扰状态的能力	过程性质	单个功能或过程的干扰，例如，库存策略	不考虑	不考虑供应链结构的中断	不考虑	不考虑
鲁棒性	承受干扰以保持计划性能的能力	系统性质	不考虑	干扰对供应链绩效的影响	供应链网络的干扰，例如，供应商不可用	不考虑	不考虑
韧性	抵御、适应和从干扰中恢复以满足客户需求并确保目标性能的能力	系统性质	不考虑	干扰对供应链绩效的影响	供应链网络的干扰	通过应急措施适应冲击并减少损失	恢复正常运营和计划绩效

传统供应链管理中强调的"多、快、好、省"等评价指标之间往往存在冲突，例如，拼多多强调成本控制，即将"省"作为具有最高优先级的指标；通过团购、拼单、百亿补贴和限时秒杀等策略，拼多多确保了用户能够以很

低的价格购买到商品。而京东则强调服务速度与质量,即将"快"与"好"的评价指标排在优先位置;例如,其推出的"211限时达"等特色服务,即中午11:00前提交的现货订单,当日送达;晚上11:00前提交的现货订单,次日15:00前送达。此外,1688作为B2B电商平台,注重于以更低的价格提供大批量订单,即将"多"与"省"排在优先位置;1688平台鼓励采购商进行批量下单,并为此提供了多种优惠措施,例如设置阶梯价格、满减优惠等,使得采购商在批量采购时能够享受更多的价格优惠。

如图1-2所示,供应链管理一直是一个多目标决策问题,管理者需要根据企业定位与企业战略综合考虑多方面的评价指标。在传统供应链管理中,管理者往往更多强调诸如服务、速度、成本、质量、可靠性、柔性等着眼于效率的评价指标。而在逆全球化背景下,提升供应链韧性与安全水平也成了企业供应链管理所追求的一个重要目标。除此之外,在考虑效率的同时,许多企业也将环境、社会和公司治理(Environmental, Social, and Governance,ESG)评价指标纳入考量范围。

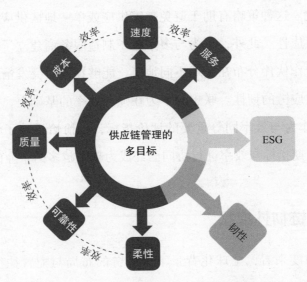

图1-2 供应链管理的多目标

然而，韧性与ESG的提升都可能以牺牲短期效率为代价，因此企业更需要在供应链效率、韧性和ESG三个目标之间进行权衡与协同（如图1-3所示）。越来越多的企业将供应链韧性纳入其供应链战略，重新审视和布局其全球供应链，并调整其供应链管理策略。具有代表性的有联想的"效率为本，韧性为先，增长为要"战略。联想在全球拥有35个制造基地（包括11家自有生产制造基地）、80多个物流分销中心、2 000多家供应商，构建了复杂的全球供应链网络。这种分散、多元的供应链布局提升了联想的稳定性和抗风险能力，使得供应链不至于因为一时一地的风险而"断链"。此外，联想也通过建立绿色生产与制造平台，邀请上下游合作伙伴共同加入平台来打造整个供应链的绿色与可持续水平，助力其可持续增长的战略目标。与此同时，华为则将"极简+韧性"作为自身的运营目标。华为在新产品设计阶段，从原材料级、单板级、产品级支持多元化供应方案，积极发展供应资源，保障原材料供应多元化。这种策略有助于避免独家供应或单一地区供应风险，确保产品的持续可供应性。此外，华为与多家电子制造服务商建立了长期战略伙伴关系，这些合作伙伴分布在全球不同地区，能够在面对突发情况时提供紧急支援，增强供应链的韧性。联想与华为在强调效率的基础上，不约而同地将韧性与ESG作为与效率同等重要的评价指标，也恰恰反映了将韧性和可持续发展这种长期指标与效率进行协同已经成为越来越多的企业的共识。

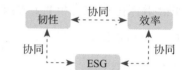

图1-3 韧性、效率与ESG的协同

1.3 供应链韧性现状

从内部角度来看，全球化背景下供应链的布局与配置往往秉持效率至上的原则。企业往往对供应链进行细致的专业化分工，在全球范围内配置资源，重视需求而忽视长期的技术积累，并且为了追求议价能力而过于依赖单一供应商。这些举动都会导致企业面对冲击时缺乏韧性，并使得供应链更加脆弱。

首先，专业化的分工导致供应链环节越来越多、越来越长。这种分工不仅限于企业内部，还扩展到企业之间的合作，形成了跨企业的专业化分工网络。例如，在汽车制造中，发动机、车身、底盘等部件可能由不同的供应商生产，而这些供应商又可能进一步将生产流程细化为更小的环节，如铸造、加工、装配等。由于全球供应链日趋复杂的结构，往往"牵一发而动全身"，供应链中某个环节出问题，如生产延误、库存不足或运输中断等，则会通过"涟漪效应"（Ripple Effect）迅速影响其他环节和相关供应链（如图1-4所示），打乱供应链原本的供需动态平衡模式，给供应链运营带来巨大的挑战。

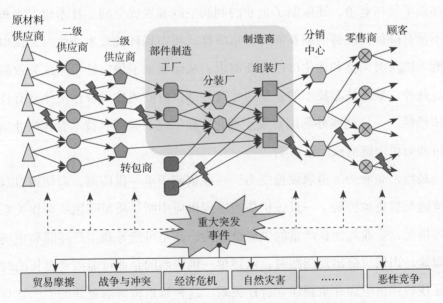

图1-4　重大突发事件对供应链的冲击

其次，企业在全球范围内配置供应链资源，导致供应链往往跨越一个甚至多个国家的界限。这种跨国界的供应链配置虽然带来了诸多优势，如成本降低、资源优化等，但同时也使得供应链韧性面临更大的挑战。不同国家的政治环境和政策稳定性差异较大，跨国界供应链容易受到政治风险的影响。例如，贸易保护主义抬头、贸易战爆发等都可能导致跨国供应链中断或受阻。政治动荡、战争等极端情况更是可能对跨国供应链造成毁灭性打击。跨国界供应链涉及多个国家、多个企业和多个环节，使得供应链的复杂度大大增加。复杂的供应链结构使得风险传播更加迅速和广泛，增加了打造供应链韧性面临的挑战。

再次，在当前由买方主导的市场中，企业面对激烈的竞争高度重视市场的开拓，而忽视了从长远考虑的技术研发与积累。然而，这种短视行为会削弱企业的技术创新能力和长期竞争力，缺乏技术创新能力的企业往往只能依靠模仿和跟随策略来参与市场竞争，导致市场上产品同质化现象严重。这不仅加剧了价格竞争，还限制了企业的利润空间和发展空间。技术研发与积累的不足会降低供应链的创新能力和适应性。当市场环境发生变化时，供应链可能无法及时调整和优化以适应新需求，从而增加了供应链中断或失效的风险。此外，缺乏核心技术的企业往往对外部供应商或技术合作伙伴具有较强的依赖性。一旦这些外部因素发生变化（如供应商破产、技术合作终止等），就可能对供应链造成严重影响。

最后，企业为了追求议价能力，往往依赖于单一供应商，而使得自身的供应链配置更加脆弱。一旦该供应商出现供应中断、质量问题或合作关系破裂等情况，企业将面临严重的供应链风险，甚至可能导致生产停滞和市场供应短缺。当供应链出现问题时，依赖单一供应商的企业可能需要更长的时间来寻找替代供应商并重新建立合作关系。这种延迟将影响企业的生产计划和市场响应速度，降低其市场竞争力。

从外部角度来看，在百年未有之大变局下，供应链面临着各种各样的冲击与不确定事件。前所未有的自然灾害与新冠疫情、大国之间的非理性博弈、地缘政治与军事冲突，以及未来可能出现的更多不可预测事件都可能给供应链的运营带来巨大的冲击。

首先，前所未有的自然灾害和新冠疫情影响供应链的运营。自然灾害往往伴随着基础设施的损坏，如道路、桥梁、港口和机场的损毁，使得物流运输受到严重阻碍，进而使得运输成本增加、运输时间延长，甚至导致某些地区完全无法通行，进一步加剧供应链的脆弱性。此外，自然灾害还可能破坏通信网络和信息系统，导致供应链中的信息传递受阻。企业无法及时获取供应链各环节的实时信息，难以做出有效的决策和响应，从而加剧了供应链的混乱和不确定性。新冠疫情则对全球经济造成了巨大冲击，导致市场需求出现剧烈波动。消费者行为的变化、生产活动的停滞和复苏的不确定性，使得供应链难以准确预测和满足市场需求，增加了供应链的运营风险。新冠疫情导致工厂关闭、员工隔离和供应链中断，使得许多企业无法正常生产。这种生产中断不仅影响了产品的供应，还导致了供应链中的库存积压和资金占用，进一步加剧了企业的运营压力。

其次，逆全球化背景下大国之间存在非理性博弈行为。国家在博弈过程中，往往受到民族主义、政治利益等因素的驱动，导致决策过程情绪化，缺乏理性分析。为了追求短期政治或经济利益，国家可能采取损害长期合作关系的措施，如提高关税、实施贸易制裁等。具体表现为贸易保护主义，例如频繁实施贸易保护政策、提高关税、设置非关税壁垒等，导致全球贸易受阻，供应链成本上升；技术封锁与制裁，例如，禁止向特定国家出口关键技术或产品，导致相关产业链断裂。

再次，地缘政治与军事冲突也在一些国家和地区愈演愈烈。地缘政治冲突常常为了实现一些政治目的而切断与特定国家或地区的贸易往来，导致关键交通要道被封锁或受损，如港口、机场、公路和铁路等，这直接影响到货物的运输效率和成本。例如，巴以冲突可能导致中东地区的航空和陆地运输受阻，进而影响全球能源和商品的供应链。冲突双方及其盟友可能通过加征关税、实施贸易禁令和负面清单等手段，限制对方国家或地区的商品和服务，导致供应链中断或成本上升。例如，美国对中国发起的贸易战，不仅影响了中美两国的贸易关系，还波及全球供应链的稳定。此外，地缘政治冲突使得供应链中的关键节点变得脆弱，一旦受到攻击或破坏，整个供应链可能陷入瘫痪。同时，冲突还可能引发政治极端主义和恐怖主义活动，进一步威胁供应链的安全。

最后，未来可能会出现更多不可预测事件。气候变化加剧、地缘政治紧张局势升级，以及技术变革都会带来更多新的潜在风险。供应链中断可能成为一种常态化的现象。由于不可预测事件的增多和供应链网络的复杂性，任何一个小环节的故障都可能引发连锁反应，导致整个供应链的中断。这些来自内部与外部的潜在冲击使得供应链韧性变得空前重要。

1.4 我国 ICT 行业供应链韧性的重要性

1. ICT 行业市场规模与发展阶段

联合国在 2008 年 8 月 11 日发布第 4 版国际标准产业分类时，结合 OECD 在 2007 年给出的信息与通信技术（Information and Communications Technology，ICT）定义，定义了 ICT 行业，即"候选行业的生产（货物和服务）主要旨在通过电子手段完成信息加工和通信，或使具有信息加工和通信功能，包括传输和显示"。ICT 行业涉及信息和通信技术的研发、应用、服务等众多领域，是现代科技领域中的重要产业之一。它涵盖了通信、互联网、电子设备、软件开发等多个方面，与我们日常生活中的手机、计算机、网络等各种信息技术产品和服务密切相关。近年来，随着我国经济的不断发展及各行业信息化建设的深入推进，我国 ICT 行业市场规模不断扩大。根据国际数据公司（IDC）发布的《全球 ICT 支出指南：企业规模和行业》(*Worldwide ICT Spending Guide: Enterprise and SMB by Industry*) 报告，2022 年全球 ICT 市场规模约为 4.7 万亿美元，并有望在 2027 年增至 6.2 万亿美元。聚焦中国市场，我国 ICT 行业市场规模从 2018 年的 4.79 万亿元上涨至 2023 年的 5.6 万亿元，并在 2018—2023 年占第二产业比重始终超过 10%（如图 1-5 所示）。

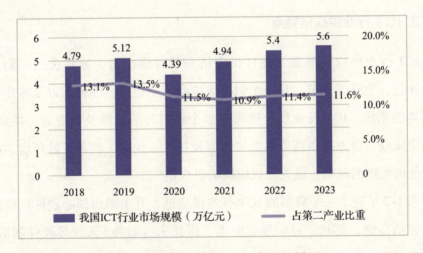

图 1-5　我国 ICT 行业市场规模

我国 ICT 行业的发展大致经历了如下 5 个阶段（如图 1-6 所示）：① PC 时代（20 世纪 70—80 年代），个人计算机的普及为信息化奠定基础；②互联网时代（20 世纪 90 年代—21 世纪初），全球信息互联互通，电子商务开始兴起，实现了计算机之间的互联；③移动互联网时代（2010—2019 年），智能手机普及，移动应用蓬勃发展，促进了人与人的互联；④ 5G 时代（2020—2025 年），高速、低延迟的网络支持物联网、工业互联网等新应用的产生，实现了人与物、物与物的互联；⑤ AI / 大模型时代（2025 年以后），人工智能和大规模语言模型将推动各行各业的智能化转型。

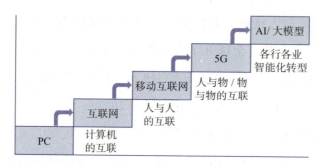

图 1-6 我国 ICT 行业发展阶段

2. ICT 行业供应链特点

ICT 行业供应链涵盖了硬件供应链和软件供应链，通常包括采购、开发、外包、集成等环节，是一个包含供应商、制造商、零售商以及客户等多个实体的系统。ICT 行业供应链贯穿多个供需环节，涉及制造商、供应商、系统集成商、服务提供商等多类实体以及技术、法律、政策等软环境，已然是其他供应链的基础，成为"供应链的供应链"。

图 1-7 呈现了一个典型的 ICT 行业供应链，其上游由核心硬件供应商构成，包括存储、芯片、显示屏、电池、摄像头、射频/天线等硬件制造商；中游部分则由一系列竞争性的设备制造商构成，不仅涵盖制造商的自有工厂，还包括外包的组装工厂。供应链的下游延伸至多种线上和线下的销售渠道，包括但不限于官方网站、电子商务平台、自营实体店、授权代理店等。最终用户方面，供应链服务的对象广泛，既包括消费类客户，也涵盖大客户和 SMB 等组织。

类似于传统的供应链，ICT 行业供应链具有多点、多链的结构特性，但又区别于传统的供应链而具有其独有的结构特征，具体体现在技术驱动性、产品更新快、需求变化快、竞争空前激烈、全球分布性以及结构复杂性六个方面。

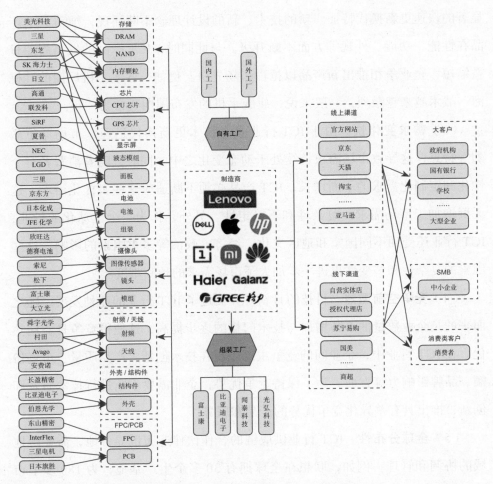

图 1-7 ICT 行业供应链示意图

（1）**技术驱动性**。ICT 产品和服务通常融合了尖端的技术元素，涉及众多的硬件和软件。以智能手机为例，其内部集成了高性能的处理器、精湛的摄像头技术，以及先进的人工智能算法等，为用户带来了更丰富的功能选择和更好的使用体验。此外，ICT 产品还常常采用最新的通信技术，如 5G 网络等，以实现更快的数据传输速度和更低的延迟，从而满足用户对高效通信的迫切需求。

（2）**产品更新快**。ICT 行业的技术更新速度非常快，这赋予了 ICT 产品显著的快速更新换代特征。新的技术、新的设计理念不断涌现，推动ICT产品在性能、功能、外观等方面不断升级。与此同时，ICT产品的发布周期日益缩短，企业争相推出新产品以抢占市场先机。例如，各大手机厂商的"机海"战术越来越激烈，一般来说，旗舰手机的发布周期通常为一年。

（3）**需求变化快**。由于ICT行业具有技术更新换代迅速、市场竞争激烈等特点，这导致市场需求持续处于动态变化之中。同时，随着消费者对个性化和定制化需求的不断增长，ICT产品必须不断适应这些多样化需求，这无疑增加了市场需求的复杂性和不确定性。另外，作为一个全球化的行业，ICT行业还受到不同国家和地区文化、经济、政治等多重因素的影响，这些因素的复杂性和多变性也进一步加大了市场需求的预测难度。

（4）**竞争空前激烈**。科技的日新月异促进了ICT行业的蓬勃发展，随之而来的是企业数量的不断增加与技术门槛的逐步提高，这使得竞争日益白热化。在ICT行业中，企业间的竞争主要表现在技术创新、产品质量、市场份额、品牌影响力等方面。为了保持竞争优势，企业需要不断进行技术研发和创新，推出具有差异化竞争优势的产品和服务。

（5）**全球分布性**。ICT行业供应链的合作伙伴遍布世界各地，需要跨地域的协调和管理。例如，联想在全球拥有30多个生产基地，为180多个市场提供多元化的产品和服务，其业务触角延伸至中国、日本、巴西、墨西哥以及欧洲等多个国家和地区。在联想的市场版图中，海外市场的占比高达75%，这充分展示了ICT行业供应链全球化运营的显著特征。

（6）**结构复杂性**。ICT行业供应链的复杂性主要体现为节点复杂性和连接复杂性。在节点复杂性方面，ICT行业供应链包含供应商、组装制造商、客户三大类，而每类节点下又汇聚了众多企业。这些节点企业通过错综复杂的竞争与合作关系相互连接，形成了一个庞大的企业网络。在连接复杂性方面，ICT行业的供应商与制造组装企业、制造组装企业与客户企业之间均可形成多条运输路线,可采取多种运输方式,从而呈现为多链并存、链条交叉影响的复杂网络格局。例如,生产一台普通的笔记本电脑(如 ThinkPad T14)涉及的零部件通常超过 1 600 个,这些零部件大概可以分成 31 个大类,其背后对应着 138 家一级供应商。而联想旗下产品有 120 万种机型配置,仅一级供应商就多达 1 000 家以上。

3. 我国 ICT 行业韧性的重要性

ICT 行业作为现代经济体系的核心支柱之一,是很多行业蓬勃发展的基础。其供应链的稳定性直接关系国家经济的整体运行,一旦供应链出现断裂或中断,将可能导致多个行业陷入困境,甚至引发连锁反应,影响国家经济的稳定和发展。在当下,我国 ICT 行业的供应链韧性显得空前重要。

作为中国制造的优势领域和重要代表,ICT 行业是中国在全球范围内具有显著竞争力的领域之一。中国企业在 5G、人工智能、云计算、大数据等前沿技术上取得了重要突破,并在全球市场上占据了重要地位。这种技术领先性使得中国 ICT 行业成为国际竞争的焦点,也更容易成为贸易制裁的目标。美国自 2018 年以来对华为实施了一系列贸易制裁和技术封锁措施,包括将华为列入实体清单、限制美国企业向华为出售关键技术和产品等。这些制裁措施对华为的供应链和业务发展造成了严重影响,也影响了全球 ICT 产业链的稳定。除此之外,美国还试图通过游说其他国家采用"清洁网络"计划,限制使用中国企业的 5G 设备。这种限制不仅影响了中国企业的市场份额,也加剧了全球 5G 市场的分裂和不确定性。

由于技术、资源和市场的全球化分布,ICT 行业供应链具有显著的跨国界特点。不同国家和地区的企业在供应链中扮演着不同的角色,并相互依存、相互影响。在 ICT 行业中,部分关键技术和产品(如高端芯片、核心软件等)仍然高度依赖进口。这种进口依赖性使得 ICT 行业在面对外部制裁或贸易壁垒时显得尤为脆弱。链条长、跨国界，部分环节进口依赖性强，使得ICT行业供应链极容易被"卡脖子"，例如2022年美国国会通过的《芯片和科学法案》中的条款明确限制了接受联邦奖励资金的企业在中国等特定国家扩建或新建某些先进半导体的新产能，期限为10年。这一规定直接影响了中美两国在ICT领域的技术合作与投资，加剧了供应链的紧张局势。为了应对法案的限制，部分美国企业将芯片制造等关键环节迁回本土或转向其他国家，这将导致全球ICT行业供应链的重构。对于高度依赖进口的中国ICT企业来说，这种重构将带来供应链中断和成本上升的风险。

新冠疫情导致的停工停产、极端天气导致的物流中断、被踢出供应链导致的股价崩盘等让企业深刻认识到重大冲击带来的深远影响。新冠疫情导致的全球范围内的停工停产，使得ICT行业供应链中的各个环节受到严重冲击。原材料供应不足、生产工厂关闭、物流运输受阻等问题频发，导致整个供应链陷入混乱。新冠疫情期间，市场需求出现大幅波动。一方面，远程办公、在线教育等需求的激增推动了相关ICT产品的需求增长；另一方面，部分传统行业的衰退则导致相关ICT产品的需求下滑。这种需求波动对供应链的稳定性和响应速度提出了更高要求。长时间的停工停产给企业带来了巨大的生存压力。资金链紧张、订单减少、库存积压等问题接踵而至，迫使企业不得不重新审视其供应链的韧性。

极端天气（如洪水、台风、暴雪等）往往会导致物流网络瘫痪，进而影响ICT产品的运输和交付。这不仅会导致订单延迟，还可能引发客户投诉和退货等问题。由于物流中断，部分地区的仓库可能出现库存积压，而另一些地区则可能因无法及时补货而缺货。这种供需失衡进一步加剧了供应链的脆弱性。此外，被踢出供应链往往意味着企业失去了重要的市场渠道和客户资源，这将对企业的财务状况和股价产生重大影响。欧菲光曾是全球最大的摄像头模组厂商之一，并成功打入苹果供应链，成为其重要的合作伙伴。然而，由于多种原因，包括被美国列入"实体清单"以及苹果供应链的调整，欧菲光在 2021 年被苹果踢出供应链。失去苹果这一大客户后，欧菲光的订单量急剧下降，导致生产线闲置、库存积压等问题。供应链中断直接影响了欧菲光的财务状况，企业连续多个季度出现亏损，股价也大幅下跌。被苹果踢出供应链的消息对欧菲光的市场形象造成了负面影响，投资者信心受挫。这一事件让 ICT 企业深刻认识到过度依赖单一供应链或客户的风险。

随着我国市场经济的快速发展，ICT 行业在经历了快速增长期后逐渐进入饱和阶段。市场需求增长放缓，竞争日益激烈，导致企业面临更大的市场压力。随着劳动力成本、土地成本、环保成本等生产要素成本的持续上升，我国 ICT 企业的生产成本不断增加。为了降低成本，一些企业开始考虑将生产线外迁至成本更低的地区。全球化进程的加速使得企业能够更容易地在全球范围内配置资源。为了寻求更低的生产成本和更广阔的市场空间，一些 ICT 企业选择将部分或全部产业链外迁至东南亚、南亚等地区。在我国市场日渐饱和、生产要素成本增长的背景下，ICT 产业链外迁是不争的事实。如何应对产业链外迁成为企业的重要战略议题。例如，苹果外迁到印度对其上下游企业和竞争对手都产生了深远的影响。企业在决定是否外迁时需要综合考虑多方面因素并进行风险评估。而外迁后企业还要面对不熟悉的政治、经济环境以及供应链稳定性无法得到保障的挑战。

综上所述，我国 ICT 行业供应链韧性的重要性不言而喻。企业为了应对各种不确定性事件，如地缘政治冲突、贸易摩擦、自然灾害等，需要开发策略提升自身的韧性能力。为了找到供应链中的薄弱环节，如何度量韧性成为学术界和工业界共同关注的重要问题。近年来，教育部、国家自然科学基金委员会、国家社会科学基金委、工业和信息化部等部门纷纷设立课题，鼓励学者与行业专家深入研究供应链韧性评价指标体系。

本书聚焦 ICT 行业，围绕该行业过去遭受的重大冲击以及未来发展趋势，从微观、中观和宏观三个层面系统梳理行业面临的潜在冲击。在此基础上，遵循冲击前、冲击中和冲击后的逻辑，分别构建包容性、适应性和恢复性三个维度的供应链韧性评价指标体系。基于该指标体系，本书结合层次分析法提出了供应链韧性的评价方法，并进一步结合联想供应链的虚拟数据进行了试验性供应链韧性评估。最后，针对如何有效打造供应链韧性能力的问题，本书提出要从运营战略、运营组织架构、供应链拓扑结构、运营策略以及数智化赋能五个层面进行统筹规划和系统设计。本书作为国内首部以供应链韧性为主题的专著，密切联系ICT行业实践，提供了对于供应链韧性的深刻认知，聚焦于ICT行业的同时，也能为其他行业提供有益的参考和借鉴。

第 2 章

ICT 行业的潜在冲击

2.1 相关概念界定

2.1.1 从不确定性到潜在冲击

供应链韧性的主要目的是确保供应链在面对各种潜在的突发事件时,能够恢复到正常状态或更理想的状态。因此,在进行供应链韧性研究之前,首先要了解潜在突发事件的来源及种类。

潜在突发事件最早源自系统环境的一般属性,即不确定性(Uncertainty),它独立存在于任何一个具有可感知复杂程度的系统,表征了我们对系统、环境和发展条件的知识的不完全性(Ivanov, 2021)。风险(Risk)源于不确定性,如由于环境的不确定性而导致的需求波动风险。风险通常指潜在的或预测的事件或情况,它们可能对供应链的运营产生不利影响(Ivanov, 2021),可以被识别、分析、控制和调节。在供应链中,风险来自需求、供应、流程等多个环节,呈现出多样化的特点,从而导致企业常常面临的运营风险

(Operational Risk)。值得注意的是,运营风险大多是由企业组织内部问题引起的,通常是低冲击、高频率的,在供给管理方面包括供应不可靠、运输延迟、采购成本、汇率波动、质量缺陷等风险,在需求管理方面包括客户偏好变化、需求随机波动、销售价格波动等风险。

扰动(Disturbance)是风险实际发生并对供应链产生影响的结果。它可以是有目的的干扰行为,旨在造成损害或干扰正常供应链运营,如恶意破坏;也可以是无意识的外部因素,如市场需求的波动或供应链需要应对的突发事件。当供应链具备足够的韧性时,它可能能够克服扰动并保持正常运营;反之,扰动可能会导致冲击(Disruption)的发生,即供应链网络中商品和物料正常流动中断的突发事件,对供应链运营和绩效产生严重的负面影响。供应链冲击通常是无法预测或无法完全控制的,可能是由扰动演变的,也可能是由政治危机、经济危机、自然灾害、人为灾害等外部因素引起的,此类风险通常是高冲击、低频率的。

总结上述相关概念,可以发现供应链风险来源于系统本身的不确定性,而供应链冲击是风险的实际体现,当一个或多个风险发生时,可能会引起供应链扰动,甚至最后导致供应链冲击的发生。此外,供应链冲击也可能直接由外部不可预测的不确定性因素所触发。

在过去的实际运营中,企业通常聚焦于降低成本和提高效率等传统目标,因此,在风险管理过程中主要关注传统的运营风险。而目前供应链韧性变得越发重要和必要,企业仅仅关注运营风险管理已远远不够,更应该对会影响到供应链韧性的潜在冲击进行更清楚的识别和分析。因此,本书总结展示了运营风险和潜在冲击在多个维度下的差异,如表2-1所示。

表 2-1 运营风险和潜在冲击之间的差异

对比维度	运营风险	潜在冲击
来源	大多来自内部	内部演变或外部突发
发生频率	高频率	低频率
可预测性	容易预测	难以预测

(续)

对比维度	运营风险	潜在冲击
影响程度	低冲击	高冲击
运营绩效	牛鞭效应	涟漪效应
评价指标	稳定性	鲁棒性、弹性
管理方法	改进计划和执行	供应链韧性相关方法

2.1.2 潜在冲击来源及分级

本小节分别从外部环境（宏观）、供应链伙伴与市场（中观）、内部运营（微观）层面对供应链中主要的潜在冲击进行划分，归纳为图2-1。在外部环境层面，主要包括贸易摩擦、战争与冲突、经济危机、自然灾害和突发事件带来的潜在冲击。在供应链伙伴与市场层面，主要有：供应链中的多个成员，包括供应商、外包商、分销商、物流商、零售商、客户，在自身运营及交互过程中存在许多潜在冲击；市场格局中遍布的监管机构、竞争对手以及黑客等会给供应链成员带来新的冲击。在内部运营层面，主要包括采购、生产、库存、物流、销售、售后以及信息基础设施等企业运营流程中产生的冲击。

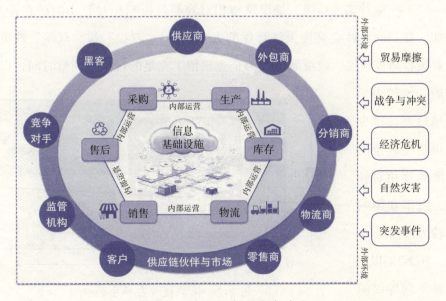

图 2-1　供应链中的潜在冲击

根据预测难度以及影响大小,可将不同层面、不同成员引发的潜在冲击进一步分级为 A、B、C 等级,分别对应重大冲击、重要冲击和一般冲击。

(1)重大冲击(A级)是指预测非常困难且影响非常大的潜在冲击。例如,2021 年突发的苏伊士运河堵塞事件导致大量船只无法按时通过,使得物流大幅延迟。作为全球重要的贸易通道,该事件导致了全球众多企业的供应链中断,对企业的生产和经营造成了严重影响。

(2)重要冲击(B级)是指预测相对困难或影响相对较大的潜在冲击。根据预测难度或影响大小的不同可将重要冲击进一步细分,其中,将影响更大的重要冲击定义为 B_1 级,将预测难度更大的重要冲击定义为 B_2 级。例如,中美贸易摩擦这类的冲击事件(B_1 级)可根据两国之间的外交、各类政策动向等对冲击发生的概率进行预测,但该类事件一旦发生会对我国 ICT 产业造成"卡脖子"现象,其冲击影响大;恐怖袭击这类的冲击事件(B_2 级)通常是突然发生的,基本无法预测,但其攻击范围主要是针对某一组织或小范围地区,其冲击影响相对小。

(3)一般冲击(C级)是指预测相对容易且影响相对较小的潜在冲击。例如,在当前全社会高度关注环保的大背景下,"双控"与"双碳"政策的出台很容易被预见。政策制定者为企业预留了充足的转型与调整时间,以便它们能够较为平稳地过渡,这也使得这些政策的预测难度相对较低,其潜在影响也较为可控。

图 2-2 对以上三种不同等级的

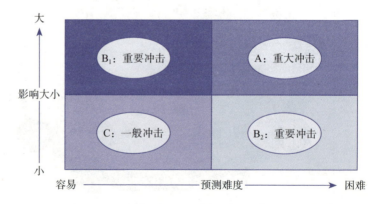

图 2-2　供应链潜在冲击的分级

潜在冲击进行了可视化呈现。

2.2 ICT 行业的潜在冲击识别

在当前百年未有之大变局的背景下，中美贸易摩擦、俄乌冲突等重大突发事件的发生给我国 ICT 行业的供应链造成了巨大的冲击，使得影响企业运营的潜在冲击不断增多。在供应链的微观层面，供应链企业内部的各个环节中都可能隐藏着潜在冲击，该类冲击对于企业而言基本可控；在中观层面，供应链伙伴以及市场格局变化也会对 ICT 微观环节形成潜在冲击，该类冲击对于企业而言部分可控；在宏观层面上，外部环境的潜在冲击会同时对中观和微观层面中的各个环节产生重大影响，该类冲击对于企业而言不可控。结合当前与 ICT 行业相关的重大冲击事件，可以将 ICT 行业中的潜在冲击归纳为"EMSO 框架"，该框架包含了三个层面、四个维度的潜在冲击，如图 2-3 所示。

2.2.1 ICT 外部环境的潜在冲击

外部环境分别从政治（贸易摩擦）、军事（战争与冲突）、经济（经济危机）、自然（自然灾害）、社会（突发事件）五大层面对 ICT 行业中的潜在冲击展开分析，其中，各个冲击的相关描述、影响、实例及等级如表 2-2 所示。

2.2.2 ICT 市场格局的潜在冲击

市场格局分别从政府监管、竞争态势、非法攻击三个方面对 ICT 行业带来的潜在冲击展开分析，其中，各个冲击的相关描述、影响、实例及等级如表 2-3 所示。

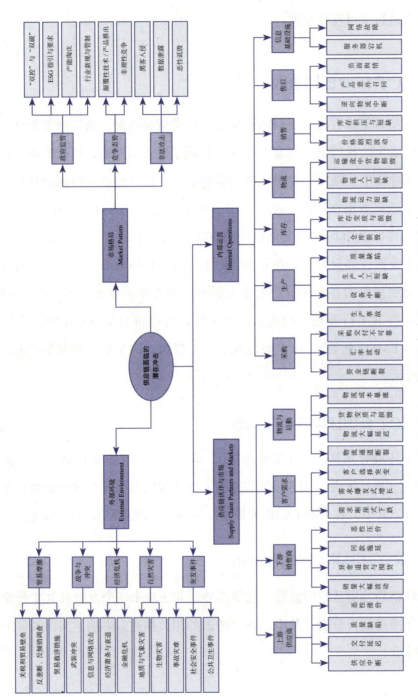

图 2-3 ICT 行业面临的潜在冲击——EMSO 框架

表 2-2　外部环境的潜在冲击

一级	二级	相关描述	影响	实例	等级
贸易摩擦（E1）	关税和贸易壁垒（E1-1）	紧张的地缘政治关系会促使某些国家设定进口关税和其他限制措施，包括提高关税、限制进口配额、禁止或限制某些产品的进口等	关税和贸易壁垒等贸易摩擦手段可能会导致企业失去国际市场，具体影响如下：1. 进口成本增加，设置关税会增加进口产品的关税和贸易成本，从而提高产品价格，使得我国的ICT产品竞争力下降。2. 产品出口受阻，贸易壁垒、进口限制和配额等措施限制了ICT产品的市场准入，同时也会给出口和国际扩展带来障碍。ICT行业依赖于技术创新和知识扩展，关税和贸易壁垒会大大限制的传递，关税和贸易壁垒会大大限制企业，产品、技术等方面的合作与竞争，导致行业创新和发展受阻	当前，科技脱钩正成为新的贸易战，美国是对中国实行"科技脱钩"的始作俑者。其对中国进口的关税和贸易措施，对从中国进口的芯片和零部件征收25%的关税；2023年，美国出台对华ICT短缺并扰乱ICT行业供应链；2023年，美国出台对华的半导体、微电子等科技领域发货的限制令。自2025年起，美国将从中国进口的180亿美元产品加征关税，包括电动汽车、锂电池、半导体等。其中，半导体的关税水平从25%增加至50%。这一系列举措无疑将对全球科技产业格局产生颠覆性影响	B₁
	反垄断、反倾销调查（E1-2）	随着ICT行业的迅猛发展，全球范围内的监管机构越来越关注大型科技企业是否合规运营，政府对反垄断、反倾销的调查及相关惩罚力度持续加大	反垄断、反倾销调查会大大增加企业成本和资源，可能导致合作伙伴和客户关系紧张，具体影响如下：1. 时间和资金成本增加，企业需要人参与多的资金和时间来提供证据、聘请律师参与诉讼等。如果企业被认定存在倾销行为，会被强制支付罚款或赔偿，增加企业经营成本和财务压力。2. 合规风险增加，反倾销调查需要改变原有的经营模式、策略和行为，导致企业面临新的合规风险和不确定性。3. 合作伙伴和客户关系受损，企业可能无法继续与其合作，客户也会因为企业的供应商受到调查而放弃购买，其他供应商也可能声誉受到影响，客户选择新的合作伙伴与客户。4. 阻碍行业发展，如果更多企业受到调查和处罚，会影响整个行业的创新和发展	韩国对半导体领域的反垄断监管尤为严格。2023年9月，韩国反垄断监管机构对美国半导体巨头博通处以191亿韩元（约合1.05亿元人民币）的罚款。该机构发现博通利用其在市场上的主导地位，通过非法手段迫使三星电子签订了一份长期的智能手机零部件采购协议，要求三星电子从2021年到2023年每年向其采购价值7.6亿美元（约合55.48亿元人民币）的智能手机零部件。如果三星电子没有达到采购额，就需要赔偿差额。此外，韩国反垄断监管机构对那里购买零部件。除此事件外，韩国公平交易委员会（FTC）也对高通等一种三星一种半导体监控系统的投资价格进行了调查。并处以总计104.6亿韩元（约5500万元人民币）的罚款。2023年，韩国SDS公司PSE&ENG等12家企业在自2015年到2023年间，在334份投标书中，通过事先讨论报价，以防止低价投标影响了半导体通行业的竞争力，并对客户共同决定这种通行为赢取了中标者。这造成价格上涨的损害	C

(续)

一级	二级	相关描述	影响	实例	等级
贸易摩擦（E1）	贸易救济措施（E1-3）	许多国家可能采取贸易救济措施（如反补贴、保障措施等）来保护本国产业。由于高外贸依存的产业特征，我国ICT行业成为贸易摩擦的高发区	贸易救济等保护本国产业的举措可能对他国企业造成致命性打击。具体影响如下：1. 生产和需求受限。由于贸易救济措施实施，某些国家或地区的ICT原材料可能无法进口或生产产品无法出口，这会使企业无法生产和销售受到限制；此外，由于限制措施的增加，可能造成企业的成本增加，进而导致涉事产品的价格上涨，最终制约终端消费者、降低消费者购买力，限制市场需求。2. 技术进步受阻。ICT行业依赖于技术创新和知识的传播，而贸易限制可能限制技术和知识的跨国合作与共享，进而妨碍行业的技术进步和竞争力提升。3. 反制措施加剧紧张局势，引发国际贸易战端，并可能导致被制裁方采取反制措施；这种贸易紧张局势可能对ICT产业产生负面影响，如进一步限制市场准入、增加贸易摩擦和不确定性	近年来，中国电动汽车大举出口欧洲，市场份额不断提升，损害了欧盟汽车工业企业所有利益，致使欧盟对我国电动汽车展开反补贴等多项调查措施。例如，2023年10月，欧盟对中国电动汽车启动反补贴调查，因为从中国进口至欧盟的低价电动汽车对欧盟电动汽车行业构成了经济威胁；2024年2月，欧盟对中国中青岛四方机车公司参与保加利亚交通和通讯部所有关于外国补贴方面的深入调查。欧盟公布采购投标行为发展有关外国补贴方面的深入调查，认为该公司涉及依靠国家补贴优势内部市场的公平竞争环境，最终确认相关税率为比亚迪17.4%，吉利19.9%，上汽37.6%，其他配合调查但未被抽样的中国汽车生产商征收20.8%的电动汽车制造商加权平均税率为37.6%。上述种种迹象均体现出欧盟对我国汽车企业的针对性，旨在阻碍中国汽车出口欧盟	C
战争与冲突（E2）	武装冲突（E2-1）	由政治、经济或领土纠纷等原因引起的，国家或民族之间采取武力手段进行的大规模持续的、有组织的大规模武装冲突	军事与武装冲突可能会导致正常的生产经营活动全面崩溃，具体影响如下：1. 破坏基础设施，包括通信网络、电力供应和数据中心等，使得ICT行业的运营受到严重干扰，影响到业务的正常运营。2. 中断供应链，导致ICT行业物料、产品生产和分销，影响ICT企业特别是会涉及跨国贸易物流的原材料供应，导致支付延迟和成本上升。3. 劳动力资源流失，许多人可能被迫逃离或流离失所，这将导致ICT行业的员工和业人才短缺，影响技术研发和业务运营。4. 消费市场破坏，降低消费信心，使得企业面临经济困难和市场压力	战争国家可能掌握着ICT行业相关产品的关键材料供应资源。因此，战争的发生会导致部分半导体材料供应全球ICT支出紧缩，进而加剧ICT行业芯片短缺状况并影响全球ICT支出。以俄乌冲突为例，在半导体领域，而氖氪气是芯片生产不可或缺的原材料，俄罗斯是全球最大的氖生产国，约占全球产量的40%，俄乌冲突使俄乌双方供应C4F6的公司、超过100余全球使用于开发斯开展业务。此外，还有更多公司在俄罗斯开展业务。此外，还有更多公司在俄罗斯开展业务。俄罗斯乌克兰以后数以万计的IT专业人员及任何未来的扩张计划	B_1

第2章　ICT行业的潜在冲击　35

	类型	描述	具体影响	案例	等级
	信息与网络攻击 (E2-2)	利用网络和信息技术手段，对致方信息系统和控制力进行干扰、破坏和控制，以影响战争的进程和结果，进而实现战略目标，包括电磁战和网络战等多种形式	信息与网络攻击是现代战争的重要表现形式，可能中断或恶性误导企业的正常运营。具体影响如下： 1. 数字基础设施崩溃。对势力通过发动网络攻击、破坏IT系统和数字基础设施，导致重要的网络服务中断、数据库或损毁，对企业和业务运营造成严重影响 2. 严重阻碍数字化生产流程。一些采用ERP、MRP等系统进行数字化生产、数字化程度较高，信息网络攻击对企业数字化生产流程造成巨大冲击 3. 客户服务中断。通信网络的网络服务和沟通功能产生影响，会让ICT行业对客户相应的需求提供服务，进一步影响客户关系 4. 技术研发受阻，无法及时获取新的技术和知识产权被窃取的风险，企业可能会降低技术创新研发投入，以保护自身的利益	他国对我国进行了多方面的信息战，包括攻击系统和散播虚假信息等，试图对我国造成影响。例如，2023年11月，中国工商银行股份有限公司（ICBCFS）遭到勒索软件攻击，导致部分系统中断。这次攻击使得中国工商银行的客户改变交易路线，同时使得ICBCFS无法代表其他市场参与者结算美国国债交易，一些信息也受到影响。2024年6月，路透社发布独家调查披露，美国国防部曾在2020年春季至2021年中期的新冠疫情严峻期间发起一场针对中国疫苗的秘密行动。该行动以当时疫情蔓延为目标，利用社交账号等医疗物资中提供的虚假信息，试图令人账号等医疗物资中涉嫌散播关于中国提供的物资产生怀疑，以打压中国众对科兴疫苗等中国提供的战略眼光。非律宾是东南亚前瞻性最新的战略标杆，这些东南亚国家的发展造成重大影响力。非律宾是东南亚前瞻性最新的战略标杆，这些东南亚国家的发展造成重大影响	C
经济危机 (E3)	经济萧条与衰退 (E3-1)	经济活动持续几个季度或更长时间的大规模减缓和下滑，包括信贷紧缩、股市下跌、产业萎缩等	经济萧条与衰退会导致消费需求大幅萎缩以及企业和行业生存环境恶化。具体影响如下： 1. 消费者需求减少。这会对通用ICT产品和服务的需求减少的支出，这会对ICT产品和服务的需求减少的支出。这会对ICT产品和服务影响是多方面的，退出市场或破产 2. 企业被迫通过裁员、关闭工厂等方式缩减开支 3. 部分企业减少研发投入和科技创新，经济不景气使企业在创新方面的投入减少，影响ICT行业的技术创新和进步	经济萧条与衰退对ICT企业的影响是多方面的，这些影响不仅限于单一行业或地区，而是对整个ICT经济形势和产业链产生深远的影响。我国许多ICT中小企业受加剧的经济困境，面临破产清算或财务困境。例如，2024年4月向法院提交了破产清算申请，苏州隆芯微电子有限公司、上海悟升半导体集团有限公司等ICT企业也陷入财务困境。经济萧条对ICT行业也有重大影响。重庆信凯半导体有限公司和华虎（北京）通用处理器技术有限公司于2024年4月向法院提交了破产清算申请。苏州隆芯微电子有限公司、上海悟升半导体集团有限公司等ICT企业也陷入财务困境。经济萧条也导致了大量的裁员。博世和大陆集团也分别计划裁减1.2万个岗位。计划在2030年前裁减1.2万个岗位。博世和大陆集团也分别计划裁减1.2万个岗位。伯特·博世和大陆长放缓的问题，这些裁员不仅会影响汽车上升以及不放缓的问题，这些裁员不仅会影响汽车工业，也波及为其提供ICT解决方案的供应商	C

(续)

一级	二级	相关描述	影响	实例	等级
经济危机 (E3)	金融危机 (E3-2)	金融体系发生严重问题，如银行系统崩溃、金融机构倒闭，资金流动性紧缩等，导致经济陷入困境	金融危机会导致企业资金面临生存危机，具体影响如下：1. 资金成企业资金链断裂，金融危机引发会造成企业资金成本急剧上升的通胀和汇率波动会导致资金成本来来巨大的压力，给企业带来巨大的成本压力，链整个链条出现问题。2. 坏账压力。金融危机可能导致客户经济状况恶化、破产或降低购买意愿；伴随着客户支付能力的下降，延迟支付或无法按时支付账款概率增加，增加了企业的坏账风险。3. 信用危机。金融危机进行信贷，对上下游合作企业的信用合作会影响ICT企业从银行获得信贷，对上下游合作企业的信用合作使企业实施改变经销渠道布局等的基至需要重新构建信用体系战略，严重的甚至需重新建信用体系	2008年金融危机的发生对ICT企业产生了深远的影响，即使是科技巨头业也难以完全避免金融危机的冲击。例如，谷歌的市值在金融危机期间遭受了巨大的损失。据数据显示，谷歌的市值从2007年11月的747.24亿美元跌至346.01亿美元，其股价蒸发了约1 260亿美元。而IBM、惠普和甲骨文这些IT行业巨头则感受到了来自银行业的压力，它们的服务与产品销售受到了金融行业的健康状况密切相关。随着金融机构削减IT开支，这些企业的业绩受到了严重影响。IBM的股价下跌了7 26%。此外，随着金融危机的爆发，金融机构订单大幅下降。许多技术公司和IT支出大幅下降，导致IT厂商面临订单减少和收入下滑的困境。这种影响不仅限于硬件厂商，还波及提供IT服务和解决方案的企业	C
自然灾害 (E4)	地质与气象灾害 (E4-1)	地质灾害包括地质灾害如地震、滑坡、崩塌、泥石流、土地沙漠化等）；气象灾害包括天气/气候灾害（如水土流失、暴雨、干旱、洪水等）和气象灾次生/衍生灾害（因气象因素引起的森林火灾、酸雨、空气污染等）	地震、洪水等地质与气象灾害可能导致物流、生产等环节中断，影响企业运营，具体影响如下：1. 基础设施受损和通信中断。灾害会造成道路、桥梁、电力供应等基础设施和交通通信设施中断，限制人员和物资的运输和交付，影响ICT企业的设备维护、物资供应和人员的到达。2. 生产中断。生产设备或生产线受到冲击，会对企业生产生产造成严重影响，进而降低企业的运营效率和业务连续性，导致生产中断或延误，对ICT企业的生产效率和产品交付造成直接影响。3. 物资和供应中断。供应商和生产厂家受到灾害的影响，导致原材料和生产部件的供应短缺；另外，地震灾害、如货架倒塌、仓库结构损坏等，这将影响ICT企业的生产能力和盈利能力，进而影响物流的正常运转	自然灾害对ICT企业的影响非常显著，不仅可能导致设备损坏、生产中断，还可能引发数据丢失和业务连续性问题。以台积电为例，1999年泰国地震使得半电脑在亚洲的生产供应链大规模崩溃；2011年日本地震与海啸使得苹果电子和本田公司失去了海域领导地位；2024年4月，中国台湾省花莲县海城发生了7.3级强震地震。台积电作为全球领先的半导体制造商，其生产设施也位于此次地震影响范围内。此次地震导致台积电部分用于生产芯片的设备受损，包括石英坩埚等关键生产材料出现不同程度的破坏，新建工厂的项目也被迫中止。已经投入运作的生产线也同日暂时受到影响，停产线的暂停生产不仅影响产品制造，还可能导致后续项目的运营客户关系。台积电下游的半导体电子产品和设备供应商、生产链也可能受到影响，进而影响整个半导体行业供应链。其生产和供应链中断可能引发电子产品制造、设备可能还影响电子产品市场需求和中断还可能引发产品的连锁反应。台积电预计因地震遭受的经济损失将达到6亿美元。这对企业的财务状况及盈利能力造成了直接估计	B₂

类别	子类	描述	对ICT企业的影响	案例	等级
	生物灾害 (E4-2)	由动物、植物的活动变化造成的灾害，包括蝗灾、鼠灾、曾灾等由生物体本身活动带来的灾害，以及植被减少、生境退化、水质污染、土壤退化等因人类不合理活动导致的生态危机问题	生物灾害主要会对农作物产品产生直接影响，进而引发ICT企业的生产中断，导致营销和销售受阻。具体影响如下： 1. 人力资源问题。如果某地区受到生物灾害的影响而无法工作，或者员工因灾害搬迁导致人力短缺，ICT企业可能面临人力资源不足的问题 2. 营销和销售受阻。生物灾害可能导致市场需求的变化遭到消费者行为的改变；某个地区遭受生物灾害，消费者可能将更多的注意力和资金用于恢复和应对灾害，而不是购买ICT产品和服务	2023年日本排放核污染水引起水资源的短缺和污染，冲击了半导体行业。纯净水在半导体生产环节中具有重要作用，例如，晶圆清洗。在半导体制造过程中，需反复清洗，确保晶圆表面不会受到污染。水资源短缺对半导体企业是一个日益严重的冲击。全球酷热天气导致半导体企业的温度升高，这些企业需要大量淡水来满足日益增长的芯片制造需求。2022年，台积电表示将在美国亚利桑那州的投资增加两倍多，达到400亿美元。通过新的投资，台积电计划于2024年在该州开设一家制造厂，或"fab"。但台积电选择了美国最容易发生生干旱的地区，就在台积电宣布在亚利桑那州最大的水库降至历史最低水平之时，这可能会对台积电后续生产造成一定的影响。半导体企业对台积电和数据中心都是水资源密集型企业，人工智能的快速发展会进一步增加用水需求，水资源短缺会增加半导体企业供应链的脆弱性	B_2
突发事件 (E5)	事故灾难 (E5-1)	突然发生的、具有严重影响的、以及对人员、财产和环境造成严重破坏的突发性事件，包括工业事故（如火灾、核事故、石油泄漏、化学事故等）、交通事故（如航空事故、大规模道路事故等）等	不同类型的事故灾难以及不同的发生地对ICT企业产生不同的冲击，具体影响如下： 1. 造成生产和物流中断以及人员损伤。火灾等事故会对企业内部人员造成伤害，对基础设施造成破坏，进而影响企业的正常生产和物流运作 2. 对供应链合作伙伴造成冲击。供应链中某个成员受到事故灾难时，其合作伙伴可能会面临供应中断、产品无法交付等情况，对其运营流程造成冲击 3. 市场和声誉流失。企业万一供应链成员的生产和交付待续受到影响，会造成客户对其产品的信任，甚至转而购买竞争对手的产品，造成市场和声誉的流失	事故灾难对ICT企业的影响是深远的，不仅会影响企业自身，也可能对合作伙伴造成巨大冲击。以半导体行业为例，2000年一位于阿尔伯克基的飞利浦电子公司晶圆制造厂发生火灾，对当时飞利浦的主要买家诺基亚和爱立信造成了严重影响。诺基亚通过应对危机和为其移动电话部门寻找替代部件供应商，得以从损失中恢复过来。但爱立信的移动电话部门出现了2亿美元的经营亏损，爱立信的行动却没有那么迅速。2000年第二季度，爱立信完全从火灾中恢复过来	B_2

续

一级	二级	相关描述	影响	实例	等级
突发事件(E5)	社会安全事件(E5-2)	突然发生的，具有严重影响和引发社会恐慌的事件，可能威胁到人民生命安全、公共秩序和社会稳定，包括恐怖袭击、社会骚乱、罢工等	突发性社会安全事件会对劳动力和民众产生冲击，具体影响如下： 1. 罢工等社会安全事件会造成人力资源锐减，进而导致企业内部生产、物流中断，此外还会影响供应链成员的劳动力； 2. 恐怖袭击等社会安全事件会造成社会恐慌，进而影响到市场销售	罢工事件对ICT企业的影响是多方面的，包括产能下降、经济损失、声誉受损以及供应链中断等。以苹果产业链罢工事件为例，2017年10月苹果的绿色供应商点对代工厂发生罢工活动，数百名员工因未收到公司承诺的奖金而举行罢工事件，影响导致了关键生产阶段的延误和生产能力的下降，影响订单交付，对苹果品牌形象造成了负面影响。类似事件还有2014年的东莞万士达和联想罢工，导致了两家公司生产线停工，产品生产而受到影响。该事件引发了社会的广泛关注和讨论，政府部门介入协调解决	B₂
	公共卫生事件(E5-3)	在一定时间和范围内突然发生的具有潜在危害性或不可预测的公共卫生事件，包括大流行病、食品安全事件等	突发性公共卫生事件可能会导致企业停工停产，引发恐慌性购买等行为，ICT企业需要采取额外的防疫措施，如购买个人防护设备，实施清洁和消毒措施等，这些将增加企业的运营成本 2. 中断生产，同时变生产方式（包括新冠疫情、盗疫等）可能会造成人员隔离和交通管制，从而中断ICT供应链上下游企业间的生产活动，但也会带来全新的生产方式，如利用机器人替代人力等 3. 对市场需求变化造成冲击，追使企业部分产品的变异设计。公共卫生事件会造成部分消费者需求暴增或骤降。例如，新冠疫情使得消费者对便携式计算机和个人防护产品的需求增加，因此企业需要调整产品、业务策略和产品组合，以更加符合消费者的工作和生活方式，这对企业业务提出了新要求	公共卫生事件通常对各个行业都会产生影响，包括ICT企业。以2019年发生的新冠疫情为例，在疫情期间被迫关闭，工厂关闭导致联想武汉工厂的重要生产基地，工作为联想武汉工厂的生产线被迫运停。这不仅影响联想自身的业务运营，也可能对供应链上下游企业产生连锁反应。据相关报道，联想武汉工厂每停工一天，就会损失约1亿元。因此，工厂关闭给联想带来了巨大的经济损失	B₂

表 2-3 市场格局的潜在冲击

一级	二级	相关描述	影响	实例	等级
政府监管(M1)	"双碳"与"双控"(M1-1)	环境变化使各国政府对环境保护更为关注。"双碳"即要在环境保护和经济发展之间实现平衡,而各国纷纷推出"双碳"政策则是要实现温室气体减排和碳吸收的双重目标	"双碳"政策要求企业从全局视角优化其碳排放,选择合适的碳策略(碳中和/碳交易等),打造有效的闭环供应链。具体影响如下: 1. 产品设计方面的新要求:在产品研发和设计上需要更加关注节能减排,关注环保,采用绿色技术 2. 生产工艺和设施改进,在生产中,要加大生产工艺和设施方面的改造,包括产品生产上绿色环保材料的选择,智能化绿色工厂的建立和生产园区太阳能发电的使用等 3. 供应商合作伙伴的变化,将供应商选择、供应链之间的物流等方面加入绿色环保,作为一大重要因素。作为链主企业,还需要对供应链成员提出低碳新要求,发挥扶持供应链成员实现低碳的作用 4. 回收与拆解服务,要求企业建立高效的回收和拆解体系,减少资源浪费和环境污染,同时引进先进的回收和拆解设备,提升回收和资源利用率 5. 额外的成本支出,施来达到"双碳"目标,这势必需要增加企业的成本支出	随着温室效应危害的加重,各国很早就开始关注环境保护并制定一系列政策。早在2014年,微软(中国)有限公司就因碳排放超出配额400多吨被处罚。经过一系列执法程序后,节能监察大队根据其超出配额许可范围的碳排放量,按照市场均价的3～5倍予以处罚。当前,随着政府对"碳中和"与"双碳"政策的愈发重视,ICT作为"碳排放大户",许多企业也开始做出了转型努力。例如,中国移动作为通信行业的代表,近年来在推动"双碳"目标实现方面做出了积极努力,据公开和行动计划,中国移动通过构建了"C²三能六绿"发展模式。该计划旨在通过节能、洁能和绿色供应链三大举措,以及绿色网络、绿色供应链等六个方面的努力,推动公司自身和整个行业的绿色发展。有助于减少自身行动的这些行动不仅助于中国移动于通过信息通信服务促进各领域的数智化转型,助力全社会实现绿色低碳发展。许多其他ICT企业也在积极探索新低碳技术创新和应用。例如,中节能太阳能科技(镇江)有限公司通过利用云计算、大数据、物联网等技术打造绿色发电的高效智能化管理;新疆新研基能科技股份有限公司则通过新疆焦化工企业综合利用焦炉煤气发电项目,实现了煤化工企业综合利用焦炉煤气资源的高效综合利用和二氧化碳的大幅减排	C

(续)

一级	二级	相关描述	影响	实例	等级
政府监管（M1）	ESG指引与要求（M1-2）	环境、社会和公司治理相关方面的标准，用来评估企业在可持续发展和社会责任方面的表现	ESG倡导企业行使社会责任，实现运营绩效与ESG绩效的有机协同，具体影响如下： 1. 在政府ESG要求下，企业需要进行ESG报告，任环境方面参照"双控"要求，同时链主企业可以建立管理碳排放的ESG平台，向所有上下游企业开放 2. ICT行业面临着社会责任治理的挑战，信息安全和数据安全，包括保护用户隐私，信息安全方面进一步的要求，ICT系统提出了进一步的要求，符合减碳推学 3. 员工方面的要求，要求ICT企业建立公平、公正和平等的劳动关系，包括就业公平、男女平等，实现就业公平，保护员工的劳动权益等，实现员工与企业的共赢富裕 4. 公司治理。ESG政策强调企业的良性适应种变化，包括公司内部的良好治理实践，以及建立有效的治理结构，合理的薪酬和激励机制，减少贪污腐败的发生 5. 要求公司配套资源，公司需要投入人力、资金、技术和社会责任配套资源，以保证能够有效地推动和执行ESG相关工作	随着全球对可持续发展和环境保护意识的不断提升，ESG政策已成为企业运营中不可忽视的重要因素。对ICT企业而言，2022年，因不满足环保政策要求，以3M工厂为例，2022年3M比利时刻工艺要因的企业对半导体蚀刻工艺专用无限期关闭。该工厂时请政府要求3M比利时工厂无限期关闭。该工厂主要生产半导体蚀刻剂——多酚烷基物质（PFAS），3M比利时工厂的产能占全球80%，其客户包括台积电、Intel、三星、SK海力士等半导体巨头。3M蚀刻设备无法运转，对全世界工厂的干法蚀刻设备无法运转，对ICT供应链造成巨大冲击	C
	产能淘汰（M1-3）	包括因为技术落后、产能过剩等多方面引起的产能被迫淘汰	淘汰落后产能迫使企业优化产能布局，打造现代化生产体系；具体影响如下： 1. 供应商产能淘汰。部分原材料因为高能耗、高污染被迫淘汰，企业面临供应商替代来选择受限以及替代困难的冲击 2. 公司自产产能淘汰。产能淘汰的首要影响就是导致工厂关闭，人员失业等；其次，产能淘汰往往是为了鼓励行业技术升级和创新，这就要求企业投入人更多的资金和资源来推进技术改进，带来了技术升级和资金压力 3. 供应链调整，企业需要重新评估和改变其供应链结构和合作伙伴，以适应市场变化	产能淘汰对ICT企业经营业绩的下滑和市场份额的减少，不仅体现在企业员工裁减，高端降薪等具体举措上。对于芯片等高科技行业而言，市场供需失衡、技术快速迭代、资金压力巨大等因素更是加剧了企业的生存难度。2012年，诺基亚关闭了位于芬兰的制造工厂，并裁员10 000人，以应对智能手机市场竞争加剧和生产成本上升的压力。这一产能淘汰行动导致亚在智能手机领域逐渐失去竞争力。近年来，特别是2022—2023年，大量中国吊销企业数据。2022年审查数据，2022年中国吊销企业超过5 700家，比2021年多了70%，注销的芯片公司芯片行业淘汰加速	C

类别	子类	说明	影响与案例	编码
	行业新规与管制 (M1-4)	对ICT行业制定的新的规定和监管机制。这些规定和监管机制旨在引导和管理ICT行业的发展，以维护公共利益，促进竞争公平，保护用户和消费者权益，推动可持续发展，包括竞争政策、相关产业政策、数据安全政策等	行业新规与管制迫使企业重新审视内部设计及供应链，构建新型商业生态和商业模式，具体影响如下： 1. 合规性管理成本增加。新规和管制要求企业重新组织相关人员、团队和管理合规性成本，导致成本增加 2. 改进产品和数据系统设计。为了满足合规性新规与管制，企业需要重新检查业务流程并改进，重新进行产品设计，建立新系统保证数据安全等 3. 重新配置供应链和配置，包括供应商、销售商合作伙伴的重新筛选和配置，使得所有合作上下游企业都满足新规与管制要求	行业新规与管制包括出口管制新规、数据保护与隐私保护等多个方面，对ICT企业造成了不小的冲击。例如，2023年10月，美国商务部工业与安全局更新了对华出口管制规定，收紧AI芯片等领域的限制，该管制导致英伟达盈利下跌近8%，创2022年12月以来最大跌幅，最终收跌4.68%。英特尔、AMD等公司股票也均出现下跌。在数据保护与隐私方面，欧盟和中国分别出台了《通用数据保护条例》(GDPR) 和《中华人民共和国数据安全法》。2022年7月，网约车巨头滴滴全球股份有限公司因数据泄露被中国政府处以80.26亿元人民币的创纪录罚单。2023年，在欧盟《通用数据保护条例》(GDPR) 实施五周年之际，Facebook母公司Meta被欧盟处以12亿欧元的巨额罚款	C
竞争态势 (M2)	颠覆性技术/产品推出 (M2-1)	ICT行业是典型的科技驱动行业，已有或新的竞争对手会持续不断推动先进技术和产品的颠覆性创新，这些创新可能重塑行业标准	颠覆性技术或产品的推出会改变市场竞争格局和消费者选择行为，迫使ICT企业不得不进行供应链管理生产方式和产品的转型升级。具体影响如下： 1. 市场竞争格局改变。当一个颠覆性技术或产品出现时，可能具有更高的效率、更低的成本或更好的用户体验，从而吸引用户和市场份额，打破现有技术垄断或巨头企业的统治地位 2. 产品转型和升级。颠覆性技术或产品的推出迫使ICT企业进行业务模式、产品或服务变革和自己的业务转型，产品或服务需要变革，以适应新技术和市场需求的变化，这需要投资新技术、人才和资源，并且淘汰现有技术或产品 3. 供应链转型和升级。颠覆性技术或产品的推出使供应链进行转型和升级，包括采纳自动化、机器学习、物联网等技术来提高效率以促使供应链进行转型和升级，链中部分成员可能采取更紧密的合作关系，确保供应链各环节的顺畅运作	颠覆性技术或产品的推出对ICT行业造成的冲击是显著的，这些技术或产品不仅改变了市场格局，还促使企业重新评估其战略和业务模式。例如，柯达公司曾是全球领先的影像产品及相关服务的生产和供应商。传统上专注于胶片摄影业务，尽管柯达公司发明了第一台数码相机原型，但投入资金不足影响了其未能及时转型。并投入资本开发数码相机，但由于其未能及时转型，在传统的冲击下降，造成市场份额下降。苹果的iPhone和谷歌的Android系统的功能和更好的用户体验，迅富的应用程序。更强大的竞争者青睐。诺基亚未能对领导基亚智能手机通过提供更丰速赢得了消费者的发展潮流，导致市场份额迅速被苹果、三星等竞争对手抢占，最终只能将手机业务出售给微软	B₁

（续）

一级	二级	相关描述	影响	实例	等级
竞争态势（M2）	非理性竞争（M2-2）	为了争夺市场份额或打击竞争对手，不惜降低产品价格，甚至低于成本价销售商品的一种极端手段	恶性降价等非理性竞争行为会导致市场竞争态势无序化，形成恶性循环。具体影响如下：1. 非理性竞争会导致市场价格混乱，对市场秩序和消费者利益造成严重的负面影响；2. 许多企业在遭受非理性竞争后，出于生存目的，会被迫降低产品质量，形成恶性循环	非理性竞争主要集中在价格战，对ICT企业造成了多方面的冲击，包括利润受损、行业发展受阻、研发和创新投入受限、品牌信誉受损以及市场策略扭曲等。2012年7月，在印度BSNL和香港地区TD-LTE招标中，出现了非理性低价的现象，个别厂商以超低价低于甚至低于成本的价格竞标成功。这种"自杀式报价"直接导致企业利润大幅下降甚至亏损，对企业自身的财务状况构成了严重威胁	B_2
非法攻击（M3）	黑客入侵（M3-1）	未经授权的人或组织以破坏为目的，通过不合法手段进入计算机系统、网络或其他电子设备的一些入侵行动	黑客入侵会导致企业ERP系统和电力等基础设施崩溃，严重影响正常的生产经营活动。具体影响如下：1. 对企业IT系统进行入侵，导致办公、采购、生产，进而对运营业务产生连锁性冲击，ERP等系统崩溃，可能变得混乱；2. 黑客入侵常伴随着对企业网站的攻击，如在企业网站上显示不良信息等，致使企业声誉受损，严重的可能造成较大的社会影响；3. 黑客入侵使得企业需要耗费大量时间去检查系统漏洞，甚至可能需要重建IT系统，导致成本大幅攀升	非法攻击在ICT企业中较为常见。2020年，美国软件公司SolarWinds遭遇国家级APT团伙高度复杂的供应链攻击并被植入木马后门，导致包括美国关键基础设施、军队，政府在内的18 000多家企业客户全部受到影响。基至发生供应链中断；2023年3月，通信软件制造商3CX遭到网络攻击，此次攻击在许多关键特征方面与2020年爆发的SolarWinds供应链攻击非常相似。攻击者们主要利用3CX的一款VoIP电话系统应用程序，该电话系统的合作伙伴达25 000个，主要客户包括美国运通，麦当劳，可口可乐，NHS，丰田，宝马和本田等。2023年5月，勒索软件组织Clop利用Progress MOVEit文件传输工具中的一个关键漏洞，开展了大规模的勒索软件攻击活动。受影响的组织数量接近3 000家。受害者包括IBM、Cognizant、Deloitte、普华永道和安永等知名企业。同时，接近8 400万个人受到影响	B_2

第2章 ICT行业的潜在冲击 43

			A	B₂
数据泄露 （M3-2）	未经授权的人或组织以窃取数据为目的，通过不合法手段进入计算机系统、网络或其他电子设备，将敏感、保密或私人数据从一个组织、系统或设备中泄露出去。这些数据可能包括个人信息、财务记录、商业机密等敏感和机密信息	数据泄露事件会造成商业机密、用户和合作伙伴等信息泄露，可能导致企业股价崩盘、服务中断、客户流失等严重后果，甚至引发信任危机和法律责任。具体影响如下： 1.商业机密泄露。专利、财报、新产品研发或设计计划、营销计划等商业机密的泄露会造成企业股价波动、减少外界对企业的投资，严重的甚至会影响企业的核心竞争力。 2.用户数据泄露。影响消费者信心、用户身份信息、特殊敏感信息等数据泄露会使消费者对企业失去信心，导致企业信誉和声誉受损，而且还可能导致企业法律纠纷、罚款和法律诉讼。 3.新合作伙伴对于泄露、保密的新合作伙伴和战略计划，可能会使得竞争对手预估企业成略计划，更好地进行应对措施的制定，进而会对企业的经营运作造成冲击	数据泄露对ICT企业造成的冲击是巨大的，包括经济损失、声誉受损、法律责任、客户流失和业务中断等。2016年，Yahoo披露了一系列2013—2014年的数据泄漏事件。影响了约30亿用户账户，泄露用户敏感数据，包括用户个人信息、密码和安全问题等敏感数据。影响超过6%。2023年5月，由于MOVEit漏洞的影响，大型软件系统开发商PBI Research Services的众多下游客户企业遭到泄密，此事件最终导致了13万人的隐私数据被泄露。使用PBI服务的组织包括公共养老金系统、保险公司、著名的投资公司等。其中美国最大的公共养老基金CalPERS披露，其769 000名退休人员的数据遭到泄露	
恶意诋毁 （M3-3）	已有或新的竞争对手无故诋毁企业的商业信誉等恶性竞争行为	恶意诋毁会对企业造成严重的负面舆情，引发社会关注，带来商誉损失。具体影响如下： 1.负面舆情影响。不知情消费者会因为品牌和声誉影响其购买选择行为，最终对企业成本增加。 2.时间和资金成本增加。为了应对恶性竞争行为，企业常常需要资金来对其进行法律诉讼，公关等来维护其品牌形象，对企业的时间和资金成本都造成巨大的浪费	自2019年起，华为遭遇了来自美国政府及其盟友的广泛指控，指责其设备存在安全风险并可能被用于间谍活动。这些指控通过国际媒体和政治渠道迅速传播，导致全球市场对华为产品的信任度下降。这不仅影响了华为的全球供应链，也对其5G技术和智能手机等业务的市场地位造成了严重冲击	

2.2.3　ICT 供应链伙伴与市场的潜在冲击

供应链伙伴与市场分别从上游供应商、下游销售商、客户需求、物流与后勤四个层面对 ICT 行业带来的潜在冲击展开分析，其中，各个冲击的相关描述、影响、实例及等级如表 2-4 所示。

2.2.4　ICT 内部运营的潜在冲击

内部运营分别从采购、生产、库存、物流、销售、售后、信息基础设施七个内部运营流程对 ICT 行业带来的潜在冲击展开分析，其中，各个冲击的相关描述、影响、实例及等级如表 2-5 所示。

2.3　ICT 行业的潜在冲击等级划分

基于 2.2 节中对 ICT 行业潜在冲击的识别和梳理，本小节采用问卷调查法对所有潜在冲击的等级进行划分。调查问卷发放对象为 ICT 行业内具有多年从业经验的供应链管理资深专家，问卷要求从"预测难度"和"影响大小"两个维度分别对图 2-3 中的所有潜在冲击进行"1～5 分"打分，其中 1 分表示"预测难度最小"和"影响最小"，5 分表示"预测难度最大"和"影响最大"。通过对回收的 14 份问卷结果进行平均值计算，最终识别出 6 个重大冲击（A 级）、5 个重要冲击（B_1 级）、31 个重要冲击（B_2 级）以及 13 个一般冲击（C 级）。结果如图 2-4 和图 2-5 所示，并将等级划分补充到表 2-2～表 2-5 中。

第2章　ICT行业的潜在冲击

表2-4　供应链伙伴与市场的潜在冲击

一级	二级	相关描述	影响	实例	等级
上游供应商(S1)	供应中断(S1-1)	企业所依赖的原材料、零部件的供应链出现问题,导致供应商无法按时足量交付约定产品	上游供应商生产停滞,导致企业生产中断,具体影响如下：1. 生产被迫发生中断,供应中断导致企业无法按时获取所需的原材料、组件或零部件,造成生产不齐套问题出现,进而导致生产线停滞或生产能力受限。2. 生产计划发生变化,面对供应中断出现的问题,企业可能需要重新评估交付时间,重新安排生产计划,包括延迟某些订单的使用,优化内部资源分配等。3. 质量不一致,供应中断造成的成本增加,可能会迫使企业从其他渠道采购原材料或组件,这可能会造成产品质量不一致的情况,最终导致成本上升。4. 品牌声誉受损,供应中断及交付不及时会对企业的品牌声誉承诺,无法提供产品或服务,损害其负面影响。5. 客户需求,如果企业长期发展不能满足客户的需求,这会导致客户流失和市场份额的减少	上游供应商的供应中断可能源于多种因素,如自然灾害、政治冲突、运营问题、技术故障等。2014年,GTAT因财务问题,宣布破产保护,该公司是苹果蓝宝石玻璃的供应商。由于GTAT无法按合同履约,并未能提供足够的代供应商,并承担由此带来的成本和延迟寻找负面影响。除了硬件外,软件也可能出现供应中断问题,例如,华为与EDA(电子设计自动化)软件供应中断的供应商。EDA软件是半导体设计和制造中不可或缺的工具,它贯穿于IC(集成电路)设计、制造、封装测试等整个产业链。多家知名EDA软件企业如Cadence、Synopsys、Mentor Graphics等拥有强大的技术实力和市场份额。近年来,由于国际政治和经济形势的变化,美国对部分中国科技企业实施了技术封锁和出口管制,其中就包括EDA软件。华为作为中国领先的ICT企业,在半导体供应却受到了严重影响,致使其研发受阻,供应链风险增加,成本上升,市场竞争力下降等	A
	交付延迟(S1-2)	未能按时交付所需的原材料、部件或产品,这可能由供应链无法生产问题、运输延误、原材料短缺等问题引起	上游供应交付计划或延迟造成物料短缺,影响企业生产运营,具体影响如下：1. 生产计划受到影响,供应商交付延迟可能造成企业无法按得所需的物料、零部件或原材料,从而导致生产线停工或生产中断。2. 生产成本上升,交付延迟可能导致企业采取紧急措施,如加急运输或从其他渠道采购物料,影响生产效率和利润。3. 客户满意度下降,如果企业无法按时向客户交付产品或订单,客户可能会感到负面影响,对企业的信任度下降,导致客户流失,甚至声誉受损,订单取消	上游供应商出现交付延迟会造成生产延误,销售受阻等一系列问题。2011年,日本地震海啸导致了东芝等企业的工厂和供应链中的电子零部件产线被迫关闭,无法按时交付关键的电子零部件和产品。2022年,排爆机器人-R901的交付因为系统的减速器组件的供应商的问题而延迟。是机械精分系统组件较为严重的上游供应商产地受新冠疫情影响较为严重的丹东地区等原因,丹东的疫情导致工厂停产,从而影响了减速器等组件的整体交付时间,这不仅影响了整体供应链反应。尽管发行人与客户协商并签订了《补充协议》,延期交付,但这一事件仍然凸显了供应链中断对ICT企业生产的直接影响	B2

（续）

一级	二级	相关描述	影响	实例	等级
上游供应商(S1)	质量缺陷(S1-3)	供应商所提供的产品存在质量方面的问题，包括产品性能或缺陷、加工问题、缺乏产品认证问题等	物料质量缺陷会导致产成品质量问题，引发产品召回甚至客户信任危机，具体影响如下： 1. 服务和维修成本快速增加，产品发生质量问题和缺陷，企业必须进行售后，这会使得服务和维修成本增加 2. 产品召回及赔偿，如果发生质量问题严重，可能需要进行产品召回，导致额外成本和资源浪费；此外，还可能需要进行退款和赔偿，增加企业的财务负担 3. 客户管理难度增加，客户可能对产品的难度增加，安抚和继续挽救客户声誉和品牌形象造成负面影响，同时也会对企业的声誉造成客户流失 4. 发生产品召回，生产成本增加，部分质量问题难以识别或出现中断，可能会造成生产中断，生产成本大幅增加整个批次的生产或出现中断，生产成本大幅增加	上游供应商的质量缺陷会直接影响产品的性能、可靠性以及企业声誉。2016年，三星发布了其旗舰手机Galaxy Note 7，然而这款手机在发布后不久便出现了严重的电池过热起火问题。经过长时间的调查和测试，三星最终确认Galaxy Note 7的电池过热和起火问题是供应商电池质量缺陷所导致。三星Galaxy Note 7的电池设计和制造过程中存在严重问题。其中，Galaxy Note 7的电池仓存在尺寸不合规的问题，无法受在正确的挤压而相匹配，而ATL生产的电池负极则存在电极焊接毛刺问题，最终引发电池短路问题。此外，三星Galaxy Note 7的电池隔膜部分做得太薄，增加了电池出现安全问题的可能。在电池装配过程中，外壳挤压有可能导致隔离膜破裂，使正负极接触(短路)，继而发生爆炸。这一事件的发生迫使三星召回和停产该型手机，导致销售下滑和市场份额减少，造成巨大经济声誉损失	B₂
	恶性涨价(S1-4)	供应商对其产品或服务的价格涨价幅度超过预期范围	供应商恶性涨价会导致采购和生产陷入被动局面，蚕食毛利空间，具体影响如下： 1. 成本上升，面对恶性涨价，企业首先需要组织人员进行价格谈判，因此谈判成本增加；其次，恶性涨价会导致企业原材料采购成本的大幅上升，进而影响到产品的制造成本，降低企业的利润率和竞争力 2. 采购与生产计划改变，如果恶性涨价超出企业预算，企业就需要调整生产的采购计划，包括减少该产品的生产，寻找价格更合理或更稳定的供应商进行合作	上游供应商的恶性涨价会对下游造成成本冲击、生产排期、客户关系、市场竞争力等方位影响，还可能对全行业生态造成负面影响。以富满电子是一家从事高性能模拟及数模混合集成电路设计的国家级高新技术企业，主要提供电源管理类、LED控制类、功放消费类集成电路产品。近年来，富满电子在IC产品市场占据重要地位，其价格变动对下游企业有着重要影响。据蓝普视讯举报，富满电子在2021年多次无正当理由拒绝履行供货合同，并不断要求加价。这一行为给蓝普造成了极大伤害，严重影响了生产排期，后续订单的按期履行及与下游客户的友好关系。富满电子对此表示，富满电子产品涨价幅度高达418%，远超行业平均水平，给整个行业带来了深远的负面影响	B₂

类别	子项	描述	对企业运营的影响	案例
下游销售商 (S2)	销量大幅波动 (S2-1)	销售商在一段时间内销售额或销售数量出现明显的起伏或变动。这种波动可能表现为销售量的快速增长或急剧下降	销量的大幅波动会导致生产、库存、采购等运营环节供需匹配难度加大，企业需要加大成本或通过改进技术和算法上的预测模型，改进销售预测方法，进而改进销售量波动的原因。 1. 改进销售计划，基于寻找到的改变销售计划的原因，进行改变销售计划，包括改变销售计划、生产计划、销售计划、渠道、地区等至整体销售改进 2. 改变生产计划，销售计划改变原有的生产计划安排，以适应最新的市场需求情况，减少闲置或缺货现象的发生	下游销售商的销售大幅波动在ICT行业中非常常见。2019年第四季度，由于中国市场的需求被软以及其他竞争对手的竞争加剧，上游制造企业如富士康等，面临生产线的停产或减产。另一个实例是深信服公司，以及苹果公司的下游供应链上的产品和服务。在2024年第一季度，根据深信服2024年第一季度实现营收入10.35亿元，同比下降14.66%。这一下降主要是由下游客户对IT投资较为谨慎，导致公司新增订单情况尚不理想。同期，深信服的归属母净利润亏损达到4.89亿元，相比上年同期净利润亏损4.12亿元有所扩大。扣非净利润亏损5.10亿元，较去年同期亏损—11.54亿元，上年同期增加。一季度经营性净现金流为—4.66亿元。可见，下游销售波动会直接影响企业的营收入和盈利能力	C
	异常退货与回货 (S2-2)	异常退货与正常流程或业务规则不符的或将商品退还给供应商或制造商的情况。异常回货是指用户投诉等引起的；异常回货是将商品积压在仓库中，库存过期或者的情况，战略性行为是需求过低，战略性行为引起的	销售商的异常退货与回货行为给生产与库存管理带来巨大压力。具体影响如下： 1. 异常退货行为的处理。分析异常退货发生的原因，如质量、需求下滑等。如对质量问题进行处理，对需求下滑等进行调整 2. 生产计划调整。在具体分析了解造成退货与回货原因的基础上，异常回货企业出现未来的需求冲击成本，可能会造成对未来限不受影响，面临异常回货时需要做好应对冲击预案。因此，防止企业正常生产需求受到影响	在ICT行业中，下游销售商为了实现自身利益最大化，常采用异常退货或回货行为。例如，对于异常回货行为，联想集团CEO杨元庆称，在新冠疫情期间，由于PC供应短缺，这也使得联想在2023年所有渠道都在回货的现象。对于异常退货行为，中建信息是ICT领域的知名分销与解决方案服务提供商，是华为等ICT产品供应商的总代理商。2021年，2022年以及2023年1—6月，中建信息退货金额分别为26 433.58万元、40 182.32万元和12 673.59万元，占其营业收入的比例分别为1.47%、2.15%和1.80%。退货主要原因为客户需求变更、产品配置变更、包装物存在破损、少量产品存在质量问题，最主要的退货原因是客户需求变更。下游销售商的这种退货行为会对上游制造正常生产造成一定冲击	B₂

（续）

一级	二级	相关描述	影响	实例	等级
下游销售商（S2）	回款拖延（S2-3）	销售商在与上游企业交易时，延迟支付应付款项的行为，可能由现金流问题、纠纷等引起	销售商的回款拖延等行为会造成企业的资金流动带来挑战，导致资金短缺，具体影响如下：1. 回款管理成本增加。发生回款拖延后，企业往往需要通过诉讼等方式追回货款，这会导致企业产生额外的时间和精力等成本。2. 资金周转受到阻碍。回款拖延使得企业资金流动和现金周转受到阻碍，企业可能需要通过银行贷款等方式来解决资金问题，造成企业成本大幅增加。3. 影响采购、生产等计划。一笔收购款、生产付款等计划，回款延误会对这些运营计划安排造成延误和冲击	销售商的回款拖延等行为不利影响ICT相关行业企业，其业务涉及多个领域，包括但不限于信息技术服务、产品销售等。根据公开发布的信息，浙江富润在2023年度报告监管工作函的回复中，提到了超过14亿元的应收账款无法追回款的问题。这表明下游销售商在回款过程中可能过于依赖款账款项回导致的信用评估不够严谨。此外，该笔应收账款无法回款的原因之一是下游端客户受到行业监管政策（如教育、游戏及地产等）的影响。这些因素使得客户支付能力下降，回款周期延长。这些原因造成的财务状况恶化，对企业的运营和财务构成了严重挑战	B_2
	恶性压价（S2-4）	销售商对购买的产品或服务的价格压制幅度超过预期范围	销售商的恶性压价等行为会为企业毛利空间引发资金短缺压力，具体影响如下：1. 销售商管理成本大提高。面对恶性压价，企业同样需要组织人员进行价格谈判，因此该过程成本增加。2. 利润降低，企业利润大幅降低。3. 销售与企业生产等运营计划调整。如果恶性压价超出企业的预期规模，企业需要调整生产计划，包括减少该产品的生产，寻找价格更合理或更稳定的销售商进行合作等	在ICT行业中，下游销售商对上游企业行为恶性压价的案例相对较少，因为通常上游企业在技术、生产能力和市场地位上占据优势，能够更好地控制价格。然而，在某些特定情况下，如市场竞争激烈、下游需求疲软或供应链关系紧张时，下游销售商可能会尝试通过压价来获得更多的利润或市场份额。以同星科技遭遇长安汽车压价行为为例。同星科技是一家从事家用制冷设备相关产品的研发、生产和销售的公司，其主要产品包括模块冷源、制冷机组件、汽车空调管路和制冷单元、海尔热泵、空调、干衣机等领域。同星科技的主要客户包括美的集团、美国长安汽车等。长安汽车作为同星科技的核心重要客户之一，对其采购行为直接影响到同星科技的毛利率水平和盈利能力。长安汽车在集团采购中均具有较高议价能力，对同星科技的集团管采购等产品提出了压价的重要要求。这种压价对直接影响了同星科技的毛利率水平和盈利能力，进一步增加了同星科技的经营压力	B_2

第2章 ICT行业的潜在冲击 49

客户需求 (S3)	需求断崖式下跌 (S3-1)	在ICT行业中，当新技术出现或现有技术发生重大变革，旧产品市场饱和，市场预期变化，政策调整，全球性事件（如经济危机、战争、疫情等）发生时，客户需求可能出现断崖式下跌	需求的断崖式下跌会带来去库存的压力，引发生产中断、流动性等问题，具体影响如下： 1. 库存积压严重，企业生产出的产品无法及时销售出去，从而造成库存积压，不仅占用企业资金，而且需承担额外的仓储和管理成本。 2. 生产和采购计划发生变化，企业可能需要减少生产量来适应市场需求的断崖式下跌，相应地，采购计划也要进行调整，避免进一步积压库存。 3. 产品计划调整，需求发生了重大变化，意味着市场趋势和环境发生了重大变化，企业为了适应这些变化以及重新激发市场需求，可能需要对产品进行更新换代来提升产品价值、质量等，以满足客户新的期望和需求	华为近年来面临的困境的原因之一就是客户需求的断崖式下跌。由于地缘政治因素，华为持续受到外部制裁和限制，其智能手机等产品在全球范围内的销量出现了断崖式下跌。根据公开报道，华为海外业务在某一时期同比发生了显著下跌，成为消费者收入大幅萎缩时期的关键因素。消费者业务的下滑不仅产生了连锁反应，还对整个公司的财务状况产生了重大影响。尽管华为在运营商业务和企业业务上有所增长，还对运营商业务和企业业务上有所增长，但也难以弥补消费者业务带来的损失	C
	需求爆发式增长 (S3-2)	在一段时间内，某个产品或服务突然经历了迅速增长的需求过程。这种增长常常具有突然性、速度快、规模大等特点，与传统线性增长不同	需求的爆发式增长会导致企业给人产能相对短缺的局面，具体影响如下： 1. 缺乏需求，企业生产出的产品过少，无法满足需求严重，从而造成缺货现象，缺货会导致生产设备、业务损失和客户流失等负面影响。 2. 生产和采购增加扩张，为了满足激增的需求，企业可能需要增加生产能力和产能，包括投入新的生产设备，增加人力资源等，同时满足生产需要增加，一定程度上生产增长会增加采购增加，以满足需要进行调整，需求的增加使得企业设计的产品属性上做相关产品需要激发企业余下产品的需求，带动整体市场销量，进而激发企业余下产品可以适当缓解缺货现象	云从科技是一家专注于AI技术研发的公司，尤其在人脸识别、人机协同等领域具有显著优势。近年来，随着AI技术的快速发展和广泛应用，尤其是人脸识别技术的普及，云从科技面临着来自政府、金融、安防等各行业对AI技术需求的爆发式增长。为了满足市场需求，云从科技需要不断加大对AI技术研发的投入，包括算法优化、模型训练、操作支持等方面。此外，云从科技也扩大了公司的研发队伍，导致短时间内难以产生足够的产出交付，影响了客户体验，使得云从科技面临较大的财务压力。据公开报道，云从科技2023年亏损6.44亿元，2024年第一季度亏损同比进一步扩大11.62%，亏损达1.6亿元	B_2

（续）

一级	二级	相关描述	影响	实例	等级
客户需求 (S3)	客户选择突变 (S3-3)	ICT行业产品升级换代周期快，客户选择偏好的快速转变使得产品功能需求及复杂度不断增加	客户选择行为和选择偏好的变更会带来库存和产能过剩的压力，进而导致对某些生产策略调整，客户选择突变可能导致某些产品需求增加或减少，企业需要根据新的需求模式调整库存水平，同时还需要根据好的需求策略改变，如调整生产订单能力和工时安排，以及重新安排生产线的优化来满足需求的变化。 2. 营销策略改变。企业需要在了解消费者偏好的基础上，有针对性地进行营销策略的调整。 3. 产品创新设计改变。企业需要根据消费者新的需求偏好进行新产品的创新设计，同时降低无效的产品复杂性，避免不必要的创新增加	诺基亚曾是手机行业的领导者，以其坚固耐用的设计和广泛的市场份额而闻名。进入21世纪后，随着iPhone的发布和Android操作系统的崛起，智能手机市场迅速兴起，消费者对手机的通话和短信基本功能转向了更丰富的互联网体验、多媒体应用和高性能配置。面对市场的变化，诺基亚智能手机的反应相对迟缓。尽管诺基亚也推出了几款智能手机，但在操作系统、应用生态和用户体验方面与iPhone和Android阵营相比存在明显差距。由于未能及时满足消费者对技术创新的需求，诺基亚在全球手机市场的份额迅速下降，其品牌形象受到严重影响，同时面临巨大的经营压力	B_2
物流与后勤 (S4)	物流通道断裂 (S4-1)	包括供应链成员自身物流通道断裂（如物流运输车辆损坏、物流公司倒闭等）以及外部因素对物流通道造成破坏（如关键道路被毁坏、交通中断、港口关闭、油价上涨等）	物流通道断裂会引发物流成本的调整和物流成本的大幅增加。具体影响如下： 1. 供应链中断，大幅增加成本。生产、销售等环节无法顺畅衔接，企业的运营受到严重影响。 2. 增加成本。企业需要寻找新的供应合作伙伴，或者采用更昂贵的运输方式，从而增加成本。运输、库存等额外的成本会削弱企业的盈利能力，甚至可能导致企业无法维持正常的运营。 3. 物流基础设施及运输计划的调整。物流通道断裂，企业必须寻找新的物流供应商，采用新的物流运输方式等，同时还需要制订应急物流计划和长期运输计划，以便快速响应和恢复	我国的中欧海运路线作为连接中国与欧洲的重要经济纽带，其安全与稳定性直接关系到许多ICT企业的全球供应链布局和业务发展。这条航线不仅意义重大，每年承载着超过60%的全球石油和大量集装箱货运。其中不乏ICT企业所需的精密设备、零部件及原材料。当马六甲海峡冲突或地缘政治紧张局势升级时，马六甲海峡的通航安全便成为后大隐忧。历史上不乏因地缘政治冲突或战争导致中欧海运航线受阻，更可能引发全球供应链管理的中断成本巨大冲击，这种不确定性将带来巨大冲击。因此，我国当前正积极开拓中欧铁路运输来避免通道断裂的冲击	B_1

物流大幅延迟 (S4-2)	ICT产品供应链涉及多个供应链环节和多个供应链成员，贸易方式大多为跨国贸易，涉及海关申报、进出口手续等环节，在查验手续上出现同问题就可能导致物流大幅延迟。另外，通过空运、陆运或海运等方式进行运输，过程中可能出现航班延误、运输车辆故障、港口拥堵等问题，导致物流延迟	物流大幅延迟会引发生产和客户交付的中断与延迟，迫使生产计划低效率运行，导致客户满意度降低，具体影响如下： 1. 交付延迟。所需的零部件、设备或产品无法按时到达目的地，从而延迟生产和交付 2. 生产中断。所需的物料或部件无法及时供应，导致生产线的中断或停滞 3. 成本增加。企业需要采取额外的措施来弥补延误带来的损失，此外还需要支付赔偿金或违约金用，这些都可能导致成本增加 4. 客户满意度下降。若物流延迟导致产品交付延迟无法履行订单，客户满意度可能下降，进而导致客户投诉、订单取消，失去重要客户等严重后果	2021年，一艘超大型集装箱货船"长赐号"在苏伊士运河意外搁浅，导致这条全球最重要的贸易水道堵塞了一个多星期，对全球供应链、尤其是ICT企业，造成了前所未有的严重破坏。这次事件不仅凸显了全球供应链的脆弱性，还通过一系列连锁反应，深刻影响了ICT企业的运营和市场表现。首先，从直接贸易损失来看，据估算，苏伊士运河堵塞期间，全球高度依赖进口零部件和原材料的ICT企业，每周可能损失达60亿~100亿美元。对于一损失尤为严重。这一堵塞使得ICT企业来说，数百艘货船无法通行，其中许多都装载着关键零部件，通信设备等关键零部件，电子元件，直接导致ICT企业的生产线停摆。这些零部件的延迟交付，甚至影响到新产品的发布和上市。其生产计划被打乱，甚至影响到新产品的发布和上市。在苏伊士运河堵塞期间，供应链的中断还引发了物流成本的飙升。许多ICT企业不得不选择绕行非洲南端的好望角。据丹麦"海运情报"咨询公司首席执行官拉尔斯·延森表示，有天约有30艘型货船通过苏伊士运河，延误意味着5.5万个集装箱延迟交付。对于ICT企业来说，这意味着更高的物流成本，更长的交货周期和更大的库存压力。再次，供应链的紧张还波及了ICT企业的市场竞争力。由于关键零部件的短缺，一些ICT企业无法按时完成订单，导致客户流失和市场份额下降。供应链的不确定性也增加了企业的运营风险，使得从而，企业在制定市场战略和布局时更加谨慎和保守。最后，苏伊士运河堵塞还引发了全球对供应链韧性和多元化的讨论，促使ICT企业开始考虑建立更加灵活和多元化的供应链体系，以降低对单一渠道和市场的依赖

（续）

一级	二级	相关描述	影响	实例	等级
物流与后勤（S4）	货物变质与损毁（S4-3）	在货物的运输、储存或使用过程中，由于各种原因导致货物遭受损害、腐败或质量下降的情况。ICT产品通常对温度、湿度、震动等条件具有一定的要求，这些条件一旦无法满足或在跨境运输过程中，运输方式的变动容易出现货物变质或损毁的情况	原材料、半成品和产成品库存的变质与损毁会造成巨额浪费，导致生产中断、交付延误等，具体影响如下：1. 交付延迟和生产停滞。所需的关键零部件或设备在运输过程中发生损坏或变质，会导致在运输或延迟或生产停滞。2. 成本增加。企业需要承担额外的费用来修复或替换损毁货物。借用代替部件（加急运输费）来满足客户对产品的需求。3. 逆向物流服务增加，货物的变质或损毁会导致退货产品的质量和售后服务的增加，进而导致逆向物流和售后服务的增加费用，进而导致逆向物流关系受损，供应商和售后关系受损，供应链关系变得脆弱，这可能导致中长期合作伙伴失去信心。4. 供应链关系受损。可能会对企业的破裂或难以建立长期合作，造成客户流失和声誉受损	2011年，日本东北部发生了一场前所未有的强烈地震，并随后引发了毁天灭地的海啸。这场自然灾害对全球经济，特别是高度依赖精密制造和全球化的ICT行业而言，造成了深远的影响。对于日本本土的巨头供应链企业索尼而言，这场灾难不仅是一场人力与物力的严峻考验，更是对其供应链韧性的应急能力的直接挑战。据当时的报道，索尼位于灾区的多个仓库和运输中心受到了不同程度的破坏，大量库存货物被毁坏或损毁，直接经济损失巨大。这些损失不仅影响了索尼自身的生产计划，还波及其全球客户，许多订单因此延误或取消	B_2
	物流成本暴涨（S4-4）	在供应链中，物流环节所需的成本出现突然和剧烈的增加。这可能由多种因素导致，包括自然灾害、政治动荡、国际因素、贸易摩擦等地区因素、物流环节劳动力成本上涨、运输成本增加等	自然灾害、军事冲突、贸易摩擦等会造成物流成本暴涨，极大地提高物流成本，压缩利润空间，具体影响如下：1. 供应成本增加。为了分摊暴涨的物流成本，供应成员可能不得不提高原材料等产品的价格，这会导致企业的交付成本增加。2. 客户满意度下降。如果关键零部件供应无法承担高昂的运输成本，可能会影响订单完成，使客户承担高额运输成本，导致客户的产品价格上涨，物流成本增加导致客户对产品满意度下降	持续增长的容量需求、空船航行计划以及对红海危机的消极展望，使海运费率迅速上涨。2024年4月26日发布的SCFI数据显示，所有主要贸易航线的同比增幅均有所增加。亚洲至欧洲贸易4600美元，增幅高达658美元。同时，主要集装箱承运商均宣布，将征作为红海危机引起的上涨附加费和一般费率（GRI），旨在进一步提高短期和长期合约的海运价格。此外，海运和空运作为对ICT企业主要的物流和空运方式，运费的上涨作为2024年2月和3月出现的上涨附加费影响，从而对ICT企业构成其物流成本巨大冲击	B_1

⊖ 1英尺＝30.48厘米。

表 2-5　内部运营的潜在冲击

一级	二级	相关描述	影响	实例	等级
采购(O1)	资金链断裂(O1-1)	因产品销售不佳无法获得足够收入、运营成本过高、债务过多造成还款压力过大、不可预测的政策变化导致资金流动周转不灵等问题，从而导致资金链断裂	企业资金链断裂会导致融资成本高，甚至正常运营的中断，造成巨大的资金周转压力，影响后续的生产运作流程和采购进行。具体影响如下： 1. 资金周转困难，导致企业无法按时支付货款，影响与供应商合作伙伴关系恶化，进一步增加采购的恶性循环。 2. 采购难度增加，无法按时支付货款，形成成本差，资金压力较大的货物、资金流动客户流失，这会造成产业选择博弈，消费市场较差违约的交付延迟，消费市场的损失	2015年，作为ICT领域的一家重要企业，中国台湾光威科技公司资金链的突然断裂不仅震惊了业界，也深刻揭示了资金链健康对于高科技企业生存与发展的至关重要性。面对突如其来的资金危机，光威科技迅速陷入了多重危机的旋涡。第一，供应链关系的急剧恶化。资金链断裂使其直接导致光威科技无法按时支付供应商长期未收到的款项。据公开报道，有的甚至采取法律手段讨回债务，这种供应链关系的合作伙伴关系建立关系。第二，生产能力的显著下降。由于无法按时向供应商采购所需的原材料和关键设备，光威科技的生产线被迫减缓甚至暂停。据估计，在资金链断裂的几个月内，光威科技的产能下降了超过50%。大量订单因无法按时完成而积压。资金链断裂导致的产品无法按时交付，不仅使企业面临严重的信誉危机。第三，客户信任的严重损害。由于多次延期交付或无法按时交付产品，许多客户因对光威科技的信誉产生了极大的负面影响。市场部门也受到了一些关键人才流失，企业内部运营受到了深远的影响。第四，员工士气的低落。由于长期存在经营压力和企业内部面临的高峰期，光威科技陷入不仅连锁反应人才前所有的困境，也给整个ICT行业带来了警钟	A
	汇率波动(O1-2)	企业在进行采购活动时，由于汇率变动导致采购成本发生波动的情况	汇率的大幅波动会造成采购空间、汇率波动使得企业核心零部件的成本上升，资金波动利润下降，企业面临采购预算的不确定性和频繁，从而难以准确采购预测和计划采购流程	2013年，索尼作为全球知名的ICT及电子产品制造商，遭遇了日元贬值下采购汇率波动的强烈冲击，这一冲击对索尼的财务状况、成本控制以及市场竞争力产生了深远的影响。日元贬值直接导致索尼在采购日美元计价的关键零部件和原材料时成本上升。由于索尼的供应链端在美国，并目依赖进口大量高端电子元件和组件，汇率的波动直接反映在其产品的成本结构上。根据索尼2013年经历了一路贬值，尤其是自安倍实施一系列市场宽松政策，日元汇率对美元一度下跌了10%～15%。基于增加使得索尼利润率下降。例如，成本的增加直接影响到其他支付相对地或支付渠道提高了索尼的整体营运成本。这些成本上升不得不提高产品的工厂汇率的转换频繁。此外，日元贬值还影响海外中心设立产品的变动面贬值的损失。索尼还可能面临外汇兑换风险增加。此外，日元贬值影响国下索尼产品的上升。这是那些使用本国货币采购其产品的国家的企业。在日元贬值的背景下，索尼产品的竞争力相对于其他使用本国货币的产品更具大的优势，但这使得其产品在市场上相对于其他国货币标定价产品价值持续增高。此外，日元贬值可能导致出，索尼不得不提高产品的价值不稳定，但在面临市场份额的风险。此外，日元贬值更严峻。从而面临市场意愿下降，因为消费者认为此时购买对不会价格风险而言消费者变得更加昂贵	C

（续）

一级	二级	相关描述	影响	实例	等级
采购(O1)	采购交付不可靠(O1-3)	因企业内部采购计划不周全（在制订采购计划时未充分考虑到供应链中的潜在问题、企业需求决策失误）或采购过程中发生变化、企业资金不足或支付延迟、企业物流运输不稳定等问题造成采购交付不可靠	采购交付的不可靠会造成生产延迟和生产计划的低效率运行，进而造成客户交付延迟。具体影响如下： 1. 生产延迟。企业因缺乏原材料而无法按时生产和组装产品。 2. 影响后续流程。由于生产延迟和重新规划生产计划，可能需要加急采购或寻找替代供应商、增加采购成本。 3. 产品供应不足。使得产品产量无法满足市场需求，导致客户流失和市场份额的减少	2014年，美国电子零售巨头Best Buy遭遇了其主要供应商RadioShack的破产问题。RadioShack的破产意味着无法正常履行与Best Buy之间的供货协议，导致Best Buy在一段时间内无法按时获得预定的商品库存。这使得Best Buy门店和在线平台上的部分热销产品和相关配件出现出现缺货现象，直接影响了客户的购物体验和满意度。据行业观察家分析，由于RadioShack的破产，Best Buy在部分月份的缺货率较之前上升了15%～20%。为了缓解供应链中断带来的压力，Best Buy不得不紧急寻找替代供应商，并增加库存积压以应对可能的风险。这种临时性的应对措施不仅增加了采购成本，还导致了库存积压和资金占用率有所上升。在RadioShack破产后的几个月内，Best Buy的库存周转率有所下降。供应链中断导致其他零售商、品牌形象受损，还导致Best Buy的零售市场占有率和顾客满意度下降。数据显示，部分客户中有一个季度内，Best Buy的客户流失和销售额等其他市场竞争对手所占据。在RadioShack破产后的一个季度内，Best Buy的客户流失和销售额出现了下滑趋势，其中部分市场份额被竞争对手所抢占	B_2
生产(O2)	生产事故(O2-1)	在ICT企业的生产过程中发生的意外事故或事件，可能导致人员伤亡、设备损坏、生产中断或其他不良后果	生产意外事故会导致生产中断和人员伤亡，具体影响如下： 1. 设备和设施损坏。一些生产事故，例如火灾、爆炸或设备故障，可能导致设备和设施的损坏，修复或更换损坏设备的费用可能很高，并可能造成一定时间恢复生产的能力。 2. 人员伤亡。造成员工受伤，事故也会导致企业效率下降，甚至也会影响员工士气。 3. 环境影响。废物处理不当或其他环境污染问题，需要企业承担环境修复和法律责任。 4. 品牌和声誉损失。客户和投资者可能对企业的安全和可靠性质疑，这可能导致销售下降、投资撤出以及长期业务影响	2011年，日本福岛核电站事故对ICT行业产生了深远的连锁反应。这场事故不仅导致了直接的人员伤亡和生态环境的长久破坏，还因为影响了关键供应链的稳定性，对福岛周边地区众多半导体和电子元件供应商造成了巨大的冲击，进而波及全球ICT企业的生产和运营。福岛地区是日本乃至全球半导体和基础电子元件的重要生产基地之一，拥有多家知名供应商。事故发生后，由于考虑到安全问题和基础设施受损的问题，许多工厂被迫关闭或减产。导致关键零部件（如微处理器、存储芯片、电容器等）供应短缺。据行业报告，事故后数月内，全球半导体市场出现了显著的供应紧张，部分关键产品的交货周期延长至数个月甚至更久	B_2

风险	描述	影响	案例	等级
设备中断 (O2-2)	在ICT企业的生产过程中，关键设备或工具运行或停止工作，因各种原因无法正常工作面临的情况，包括机械故障、电力供应故障等	设备中断会直接造成生产中断，影响正常业务流程，具体影响如下： 1. 生产延误。设备中断可能导致生产线上的工作停滞或延误，使得产品无法按时交付，影响企业的生产计划 2. 维修成本增加。需要维修或更换设备，可能产生额外的维修费用，停产损失和设备替换成本 3. 业务连续性降低。设备中断使企业无法正常运营，从而影响业务的连续性和经营效率	2017年，作为电子元件与组件制造领域的重要参与者，中国台湾毂嘉科技公司的生产线遭遇了一次前所未有的重大故障挑战。这次故障不仅是一次技术上的挑战，更是一次对整个企业运营稳定性的严峻考验。具体来说，故障的设备是专门用于制造微型场效应管，微控设备等消费电子产品中，是这些设备音频输出的核心部件。因此，该设备的故障直接导致毂嘉科技在短时间内无法满足市场对微型场效应管的庞大需求。据估计，故障初期，毂嘉科技客户订单交付能力下降，其生产量减少了近60%。严重影响了上市时间和电子产品制造商的日产量。这一事件在行业内引起了连锁反应。由于毂嘉科技是多家电子产品和市场中不可或缺的供应商调整生产计划。为了应对这一情况，相关电子产品制造商的关键供应商最终不得不寻找替代品供应，受此次事件影响，包括从全球范围内调配技术专家进行故障排查和修复。同时，毂嘉科技紧急成购关键零部件以加强与供应商的沟通与合作，确保生产线的稳定供应。经过一个多月的努力，生产线终于恢复以弥补产品的正常运作，但此次事件给毂嘉科技带来的经济损失和品牌形象破坏已难以完全弥补	B₂
生产人工短缺 (O2-3)	ICT企业生产过程中遭遇到劳动力不足的情况	生产人工短缺除了会造成生产中断外，还会导致产品质量问题和劳动力不足问题。具体影响如下： 1. 生产能力受限，且生产行为难以满足生产需求，从而削弱企业的生产能力可能无法正常运行，生产线可能无法正常运转 2. 生产成本增加。企业需要采取临时工或者加班等措施来填补人员空缺，这会增加企业的人力成本 3. 产品质量问题。劳动力短缺会导致工人超负荷工作，缺乏足够的时间和注意力，这会导致生产过程中质量问题的增加，例如生产错误以及不符合规范的产品 4. 劳动力不足问题加剧。现有员工需要承担更多的工作负荷和压力，长时间的工作可能会导致员工疲劳，厌倦和不满意，提高员工离职率，从而进一步加剧劳动力不足的问题，并对企业的连续生产能力造成冲击	2019年末爆发的新冠疫情，迅速在全球范围内蔓延，对全球经济造成了前所未有的冲击，其中ICT企业也未能幸免。特别是在2020年初至其后续的一段时间内，新冠疫情对许多ICT企业的内部生产造成了严重的人工短缺问题。直接影响了企业的运营效率和生产能力。新冠疫情期间，限制国际航班，实施严格的跨境检疫限制措施，如关闭边境。这些工人中，不乏来自疫情严重地区或需要跨国通勤的关键技术人群和生产线工人。由于疫情返工困难。对于我国许多ICT企业而言，因此，疫情初期，由于我国处于世界工厂地位，全球主要生产终端产品大都在我国组装，因省份采取复工，封闭式管理连至封城等措施，导致众多人工短缺，在2020年第一季明显冲击了ICT企业的生产活动，大大削弱了ICT企业的生产能力	B₂

（续）

一级	二级	相关描述	影响	实例	等级
生产(O2)	质量缺陷(O2-4)	ICT企业生产过程中出现的产品或服务中的缺陷可能是由于工艺中的错误、疏忽、材料问题、设备故障、工艺不良等引起的	生产质量控制缺陷会导致产品质量问题增加，引发产品召回和客户满意度降低。具体影响如下：1. 再加工成本增加。当质量缺陷被发现时，企业需要重新制造、修复或重新加工产品，以满足质量要求，这将增加企业的生产和运营成本，包括人力、材料和制造成本。2. 生产效率下降。处理质量缺陷需要额外的时间、资源和人力来纠正并控制生产过程中的问题，企业不得不分配更多的时间和人力来纠正并控制生产过程中的问题，导致生产效率下降，影响企业的生产计划和交货期。3. 客户流失和信任危机。不合格产品或服务会让客户失去信任并可能导致客户流失，甚至客户可能不再购买企业的产品或服务，会在传播负面口碑，对企业的品牌形象和市场份额造成长期的影响。4. 法律诉讼和罚款。严重的质量缺陷问题会导致法律纠纷，企业可能面临赔偿问题、法律诉讼、财务损失和可能的罚款	2017年，苹果公司发布的iPhone X。作为当时技术创新的标杆，却在市场反馈中遭遇了前所未有的挑战。这款手机引领了全面屏设计和Face ID技术的潮流，却也因显著的质量缺陷而备受瞩目。特别是其屏幕在低温环境下出现的触控失灵问题，成为当时业界广泛讨论的话题。具体来说，当iPhone X被用户从温暖的室内带至寒冷的室外时，其屏幕会突然停止响应触摸操作，导致用户无法正常使用手机。这一现象迅速引发了大量用户的投诉和不满，甚至公开发视频展示问题。根据用户反馈，此问题波及多个国家和地区的iPhone X用户，严重影响了日常使用体验。苹果公司官方对此进行了回应，承认了这一缺陷的存在，并承诺将通过系统更新来解决这一问题。然而，这一解决方案的推出需要时间，在此期间，iPhone X的声誉和销售在社交媒体上迅速受到了不小的打击。从数据层面来看，这一质量缺陷对苹果公司的销量和市场份额产生了直接影响，在市场调研机构的数据分析中，iPhone X在发布后的初期市场表现虽强劲，但随着低温触控失灵问题的曝光和发酵，其销售增长明显放缓，部分地区的销量甚至出现了下降。同时，这一事件也引发了用户对于苹果公司产品质量的泛质疑，对苹果公司后期的品牌形象造成了长期的不利影响	B₂
库存(O3)	仓库损毁(O3-1)	因各种自然灾害（地震、暴雨等）或突发事故灾害（火灾、爆炸等）导致仓库建筑损毁	仓库损毁会造成企业资产损失和库存管理成本，增加重建和库存管理成本。具体影响：1. 物资损失。影响产品交付和生产计划，仓库损毁会造成大量储存的物资产生计划、影响消费者支付，同时需要重新调整生产的生产。2. 重建成本增加。ICT企业的仓库数智化程度高，重建成本较为昂贵，企业需要花费巨额成本来重建或修复仓库。3. 重建管理体系损失。仓库的损毁会造成库存管理损失，企业在重建仓库后都需要针对剩余库存建立新的管理体系	火灾是造成仓库损毁的一个常见突发事故。以亚马逊为例，近年来其仓库中心发生不同地点的多个仓库增发火灾。例如，2018年6月，亚马逊加利福尼亚配送中心发生火灾，损失25 000美元；2020年3月，位于美国PHX5仓库发生火灾，影响了许多客家的发货计划；2021年6月，亚马逊兰州佩里堡的ICT巨头旗下的一家亚马逊仓库物流火灾，估计50万美元。对于亚马逊这样订单量和运营效率构成了严峻挑战。亚马逊不仅是全球供应链的稳定性和运营的重要任务。火灾发生后，仓库作为亚马逊物流网络中的关键一环，承担着处理大量订单和商品配送的重要任务。火灾发生后，客户满意度下降。导致部分客户体验受影响。这一缺口使亚马逊不得不紧急调配其他仓库的资源，为了弥补处理订单被迫中断造成的延迟，同时，增加了运营成本和管理难度	B₂

大类	子类	情况描述	具体影响	案例	等级
	库存变质与损毁 (O3-2)	在ICT企业的库存中,存放的产品因时间、环境条件、错误的存储方法等原因而失去原有的品质或功能的情况	库存的变质与损毁会造成企业成本增加,扰乱正常的生产运营。具体影响如下: 1. 成本损失。变质或损毁的电子元件损坏或过期,企业就无法将其用于生产,需要丢弃或重新购买,浪费了已投入的成本 2. 生产和交付延误。在生产过程中,如果所需的零部件或原材料损坏,企业将面临无法及时获取替代品或交付产品的问题,客户满意度降低,或者在交付时破产极大的不满意,导致无法按时交付,这会造成客户服务的不满意,丧失对企业产品或服务的信任	《财富》500强企业利尔芬森的全球调研报告《蒸发的数十亿:供应链浪费的真实成本》显示,其中,有4.3%的库存变质被弃置。这对企业造成的负面影响约为年利润的3.6%。有近8%的库存存在尚未上架前的供应链阶段就已变质,合计造成相当于价值1 631亿美元的库存损失。另有3.4%的库存由于生产过期而被弃其生命周期内有的汽车轮胎的生命周期损失。针对这一现象,米其林计划为公司所有的汽车轮胎植入RFID芯片,以跟踪其轮胎在库存过程中的损耗,从制造、维护到完成其轮胎生命周期的全过程。减少产品在库存过程中的损耗,RFID芯片储存的数据能够用以回收再利用的有效数据佐证,使得米其林可以更好地用可持续的方式提升轮胎的回收利用率	B_2
物流 (O4)	物流运力短缺 (O4-1)	ICT企业内部物流运输资源(如物流运输车辆等)不足的情况	物流运力短缺会造成交付延迟,影响企业生产和产品交付。具体影响如下: 1. 交货延迟。物流运力短缺可能导致物流公司无法及时配送产品,从而造成交货延迟 2. 生产调整。物流短缺可能导致企业无法及时获取所需的原材料、零部件或生产设备,影响生产进程,企业需要调整生产计划或暂停生产,以适应物流短缺的情况 3. 仓储问题加剧。导致产品积压在企业的仓库中,增加库存成本。此外,库存积压可能占用仓储空间,导致仓库运作不畅,影响整体运营流程和效率 4. 运输成本增加。物流运力紧缺可能导致物流公司供不应求,从而使物流费用上升,企业可能需要支付更高的运输费用或寻找替代的运输渠道,增加成本负担	新冠疫情使得许多ICT企业内部物流运力短缺。航空货运容量减少,海运航线也遇到了封锁和限制措施,由于很多国家和地区采取了封锁和限制的物流运输和供应链遇到了各种延迟和限制,导致物流紧张。上述物流运力短缺使许多ICT企业的物流运输和供应链稳定性造成了不同程度的冲击,包括华为、苹果等企业,使得它们不得不加强供应链管理,寻找替代的运输方式和合作伙伴,以确保关键零部件和成品的及时供应	B_2

第2章 ICT行业的潜在冲击 57

（续）

一级	二级	相关描述	影响	实例	等级
物流（O4）	物流人工短缺（O4-2）	ICT企业内部物流部门或相关岗位的人力资源不足的情况	物流人工短缺同样会造成交付延迟，影响企业生产物料和货物流动，具体影响如下：1. 交货延迟，企业进行产品配送和运输，会导致交货延迟和人员或交付计划调整。由于物流人力不足，生产交付安排无法按时完成。2. 生产或交付计划调整，由于物流人员无法安排适当的物流任务，进而影响生产和操作流程。3. 物流流程调整，企业可能需要重新规划物流流程，以适应人力短缺的限制。4. 人力成本增加。企业需要为更高的人力成本来吸引和留任物流人员，或者需要雇用临时工填补人力缺口，会增加企业的人力成本	根据国际道路运输联盟（IRU）的数据，目前全球有超过300万个卡车驾驶员职位需要填补。随着年轻驾驶员数量将翻一番，预计到2028年驾驶员短缺数量与老年驾驶员退出之间的人口数量差距不断扩大，进而造成供应链中断和运输延误，影响物流短缺导致运输能力下降。这意味着对于ICT企业来说，原材料以及关键零部件和产品交付时间延长，可能导致生产线停工待料，影响订单满意度下降。对于ICT企业来说，人工短缺也可能会影响其支付更高的运营成本。为了缓解客户来的压力，ICT企业可能人工短缺在全球范围内扩展业务和声誉和品牌形象。这直接增加了ICT企业的运营成本。物流人工短缺成为一个重要的制约因素，从而分散了他们在任何供应链问题上更多精力来处理变化和物流人员更多精力来处理供应链带来的问题，使他们研发的新方向的注意力	B₂
	运输途中货物损毁（O4-3）	货物在从内部流程中的一个环节运输到另一个环节的过程中，遭受损坏或破坏的情况，包括物理损毁、运输过程中的搬运、装卸、碰撞、挤压、摔落等导致的损坏，以及环境因素导致的损坏（如温度、湿度、震动等对敏感货物的影响）	物流中的货物缺失会造成企业资产损失，引发物料短缺的情况。具体影响如下：1. 交付延迟，损坏的物品无法正常使用，损失的货物可能质量下降或引发企业重新订购成本。2. 成本增加。并可能需要承担替代货物的费用，导致客户交付成本。3. 客户满意度下降，导致客户无法按时拿到产品，增加投诉，降低客户满意度	2022年2月，一艘从德国运往美国"Felicity Ace"号，在大西洋亚速尔群岛附近起火。该货轮悬挂巴拿马国旗，由日本航运公司商船三井（MOL）运营，装载约4000辆新车，包括奥迪、宾利、兰博基尼等新车。据估计，船上装载的主要是大众旗下品牌车辆的比例。其中，保时捷方面表示有大约1100辆时捷新车也面临的经济损失。大众因此次事故方面证实有189辆宾利车受损。此外，船上还有奥迪、兰博基尼等其他品牌的新车也遭受了不同程度的产能缺口。同时需要重新调整生产和分销等合作伙伴的产能缺口，包括9.7亿元（约25亿元人民币）。大众需要供应商、分销商等调整其原有计划以应对车辆损失带来的协调，同时很多受损的车辆可能无法交付给客户，导致其受损失导致客户对大众的信任度下降，也对大众的市场声誉造成了一定的负面影响	B₂
	价格剧烈波动（O5-1）	销售产品或服务的价格出现快速、剧烈的变动，可能是由市场需求变化、成本波动、竞争或市场变化因素导致的	销售价格剧烈波动可能导致原材料价格带来巨大的挑战。价格波动给企业利润和运营带来决策带来巨大的挑战。具体影响如下：1. 采购和生产计划难度增加，直接影响企业利润水平，进而增加对产品新一批次的采购、生产、库存等出现计划的难度。2. 需求预测难度增加，频繁的了解客户的购买行为，使企业更加难以预测需求，预测难度进一步加大。3. 竞争态势加剧，企业之间的价格竞争因价格波动而加剧，严重影响企业竞争格局和企业在行业内的市场地位	2019年，英特尔（Intel）公司由于处理器产品供应短缺，供应商和分销商重新定价，导致英特尔产品的价格剧烈波动，有时价格飙升，有时又出现降价折扣。对于英特尔公司而言，虽然短期内可以通过涨价获得更高的利润，但从长期来看，这损害了英特尔公司的品牌形象和客户关系。此外，这种价格波动对不仅增加了分销渠道的管理难度，还可能导致客户对英特尔产品的需求下降。例如，一些合作伙伴可能会因价格波动而转向竞争对手的产品，以维持价格在供应链中的稳定。长时间的价格波动，更多会导致企业在行业的市场地位发生变化	B₂

分类	子类	定义	影响与应对	案例
销售 (O5)	库存积压与短缺 (O5-2)	销售库存积压是指企业在销售过程中积累了大量未能及时销售出去的产品或商品库存；销售库存短缺是指企业在销售过程中，产品或商品的库存不足以满足市场需求	库存积压与短缺的交替会给生产计划、物料采购计划等带来更大的压力。具体影响如下： 1. 销售库存积压的冲击。资金占用和资金链紧张：积压的库存意味着企业投入了大量资金，而这些资金无法流动，可能导致资金链紧张。此外，库存积压时间过长，可能导致产品贬值，进而减少企业的回报率；需求预测改进，企业应充分分析产生库存积压的原因，结合AI等技术改进需求预测方法，提高预测准确性，减少库存积压。采购和生产计划调整：库存积压意味着企业运营管理可能存在一定的问题。需要适当对库存管理进行调整，例如当生产和采购计划不合理、需求预测不准确时，采购和生产计划应进行调整。 2. 销售库存短缺的冲击。错失销售机会，影响企业无法满足市场需求，错失销售机会，影响企业收入和利润；需求预测进一步改进，库存积压类似，企业也需进一步加强需求预测的方法，提高预测准确性，减少库存短缺情况的发生。采购和生产计划调整：加大采购量和生产数量；增加与外包商的协助。库存短缺往往会迫使企业寻求第三方外包商方式往往在会增加企业外包成本负担； 客户满意度下降和声誉受损。损害企业产品声誉和客户关系；市场供货机会。造成企业销售份额的流失	在库存积压方面，由于全球半导体短缺、市场需求波动以及供应链中断等因素，电子元器件出现库存短缺，特别是在新冠疫情期间。原始设备制造商 (OEM)、合同制造商 (CM) 和电子制造服务 (EMS) 提供商为了应对市场消费者的需求，过度囤积库存，导致库存积压。根据电子行业报告，2023 年许多 OEM、CM 和 EMS 提供商的库存积压历了 6 个月。当市场需求急剧下滑时，企业仍在接收高峰期的订单，且无法取消订单，导致库存积压进一步加剧。存储器制造商，如三星电子和SK海力士采取了战略性措施以削减部分产品，但即便如此，库存问题仍未得到完全解决 在库存短缺方面，2023 年，华为 Mate 60 系列面临库存短缺困境。自华为 Mate 50 系列在市场上取得巨大成功以来，消费者对华为 Mate 系列充满了期待，其全新发布的 Mate 60 系列开启预订后，迅速引发了市场的抢购热潮。但库存不足使得消费者在面对 Mate 60 系列购买时心仪的华为 Mate 60 系列手机时，无法及时购买到。以满足其购买需求。这对华为的市场份额造成了直接影响，可能会转向其他品牌。长期的缺货问题可能会让消费者对华为产品的可靠性和供应能力产生质疑，进而影响其购买决策。此外，缺货还可能引发消费者的不满和抱怨，进一步损害其品牌形象

（续）

一级	二级	相关描述	影响	实例	等级
售后(O6)	逆向物流中断(O6-1)	在逆向物流过程中出现的物流通道中断或运营受阻的情形。通常涉及将产品或材料从最终用户返回到供应链中的不同环节，例如退货、退款、维修或回收等。逆向物流中断可能由各种因素引起，例如运输故障、维修备件回收渠道中断等	逆向物流中断会导致闭环供应链效率降低，营以及客户满意度降低。具体影响如下：1.维修备件短缺，服务无法及时响应。企业维修备件的来源多种多样，除了从供应商处订购的情形外，也会从外部第三方等渠道进行采购，而逆向物流回收中的维修备件短缺，导致售后服务无法进行或延迟 2.成本增加。逆向物流中断会增加企业物流成本，例如物流中断导致的物料短缺和轮胎等情况，迫使企业进行紧急采购活动，提高采购和维修成本 3.客户满意度下降。售后服务中最重要的一点就是保证及时维修响应，如果出现逆向物流中断，企业就不能保证维修时效性，那么客户的不满意程度会大大提升	2022年，广汽菲克宣布破产并进入清算阶段，其退市行为造成4S售后点的逆向物流中断。由于厂家不再生产相关车型，备件库存逐渐消耗，新的备件供应难以跟上，使得维修备件出现大量短缺，维保服务无法顺利开展。因维保破产后的售后备件存货以及客户投诉受阻，广汽菲克成立处理间从原来的3天延长至7天以上。这一事件仅ICT企业生态链不仅产生了连锁反应	B_2
	产品意外召回(O6-2)	企业在生产过程中或者已经投放到市场的产品发生了意外缺陷或故障，存在潜在的安全风险或未达到预期的质量标准，因而需要召回这些产品	产品意外召回会引发巨大的额外成本，具体影响如下：1.声誉损失和客户流失。公开宣布产品意外召回时，可能引起客户和公众对企业的质量控制和安全标准的质疑，损害企业的声誉和信誉，进而导致客户流失 2.经济损失。产品召回会给企业带来巨大的经济损失，包括退款、赔偿和产品过程中的相关费用，以及无法再次出售这些产品带来的销售收入损失 3.内部流程和管理的调整与改进。意外召回需要企业分析召回原因，改进产品设计和质量控制措施，调整生产线，改造产品，或者需要额外的投资和时间，对企业内部运营和资源分配造成影响 4.法律风险。客户产品缺陷导致消费者受伤或财产受损，企业可能面临潜在的法律诉讼和索赔，从而增加法律风险	ICT企业产品意外召回事件可能对企业造成品牌形象受损、用户信任度降低等多方面的冲击。例如，2014年，市场大规模下降，汽车召回事件导致安全气囊无法正常展开。这次召回涉及多个车型，也可能导致客户流失。因点火开关存在设计缺陷，这次召回涉及多个车型，亚型G5等，截至2014年6月底，累计召回车辆数量扩大至845万辆，多起法律诉讼。再如，2016年，三星因Galaxy Note 7智能手机因电池过热，至多起法律诉讼。再如，2016年，三星因Galaxy Note 7智能手机因电池过热，至爆炸被召回。三星Galaxy Note 7智能手机损失了约10亿美元，包括产品召回、停产、赔偿以及市场份额下降等方面的费用。由于产品质量问题，消费者对三星的信任度下降，导致Galaxy Note 7及其后续产品销量下滑，进而影响了三星智能手机市场的份额	B_2

大类	子类	说明	具体影响	案例	等级
	负面舆情 (O6-3)	产品销售后，由于产品质量问题、售后服务不佳或质量问题，消费者在社交媒体、论坛上发表负面评论、投诉或抱怨的情况	关于产品质量和服务方面的负面舆情可能会导致企业品牌声誉受损和客户流失。具体影响如下：1.品牌声誉受损和客户流失。负面舆情在任何对企业的品牌形象造成巨大的负面冲击，使得消费者对其购买选择受到影响，产品销量下降和市场份额流失 2.增加公关成本。企业需耗费大量的时间和精力来平复负面舆情，同时也需要大量投入资金来重新塑造正面形象	在ICT行业中，因产品质量和服务方面问题引发的负面舆情并不罕见。2017年初，华为"闪存门"事件就是其中一个案例。华为P10系列手机在上市后，部分消费者发现存在使用不同速度的闪存芯片的问题。华为P10手机使用UFS 2.1闪存，而另一部分则使用了eMMC 5.1闪存，使得消费者对华为P10手机在性能上的不一致。这种差异导致华为P10手机在读写速度上产生了严重影响。这一事件引起了华为消费者的强烈不满和质疑，受负面舆情影响，部分消费者对华为产品的信任度下降。甚至有部分消费者因为购买到性能不佳的手机而提出了法律诉讼，要求华为进行赔偿。这些法律诉讼不仅增加了华为的运营成本，还对其他业务产生了一定的干扰	B₂
信息基础设施 (O7)	服务器宕机 (O7-1)	包括硬件故障（电源故障、硬盘故障、内存故障等）、软件故障（操作系统崩溃、应用程序错误、驱动程序冲突、数据库算法无故情况等）、电力故障（供电中断、电力波动等）、安全问题（被黑客攻击、病毒感染、DDoS攻击等）等导致的服务器宕机	服务器宕机会引发运营流程中断，需要耗费企业大量人力和物力，具体影响如下：1.运营流程中断，营运成本增加。ICT行业数字化程度高，企业业务运营过程依赖许多系统和服务器支撑。如果发生服务器宕机，会造成严重影响业务中断，时间有效率大增，企业甚至可能需要更换服务器或购买新一代系统等，使维护成本大大增加	2017年2月，亚马逊网络服务（AWS）的简单存储服务（S3）因人为操作失误导致数据中心大量服务器故障。原因是一名程序员在调试系统时，运行了一条原本打算移除少量服务器的脚本，但由于输错了一个字母，导致大量服务器故障被移除。这些错误地移除的服务器在运行着两类S3的子系统，从而导致S3服务不能正常工作，影响了包括Slack、Quora、Trello在内的许多公司和网站，使用户无法访问其服务。据估计，AWS每宕机1min，经济损失达约66 240美元。此故障业务中断了近4h，经济损失巨大。此外，依赖AWS服务的亚马逊也遭受了严重冲击，用户对AWS运营可靠度的信任度有所下降	A
	网络故障 (O7-2)	包括网络连接问题、路由器故障、防火墙阻塞等导致的网络中断	网络故障极易引发生产中断，甚至造成运营决策的失误，运营效率降低。具体影响如下：1.通信受阻，业务系统无法正常运行，运营效率降低，造成成本上升。网络故障使企业内部的通信和协作、致使员工无法正常工作，同时影响企业使用企业内部的网络系统，从而影响工作效率和生产效益，若长时间无法恢复，则可能停工和停产中断。2.数据丢失和泄露。网络故障可能导致一些关键数据丢失或泄露，若企业内部网络数据泄密，这会对企业信息安全构成威胁。3.客户流失及满意度下降。客户如果企业网络故障导致终端网站无法正常使用，会影响客户满意度和客户流失	谷歌作为一家全球性的科技巨头，其网络服务涉及众多领域，包括搜索引擎、云计算、邮件服务等。在运营过程中，谷歌也曾遭遇过网络故障事件。该事件对其客户和企业造成了一定影响。2024年6月，谷歌的网络服务出现大面积异常，大量用户反映谷歌异常云以及YouTube、Snapchat等应用软件系统变慢甚至无法登录。这一网络异常事件发生在太平洋时间2024年6月2日中午（北京时间6月3日凌晨3时左右）。主要影响到以美国东部地区的客户，同时欧洲也有不少客户反映无法登陆和安全性的科技企业，其网络服务的稳定性和安全性的发生会严重降低对客户和企业至关重要。各类事件的发生会严重降低客户满意度	A

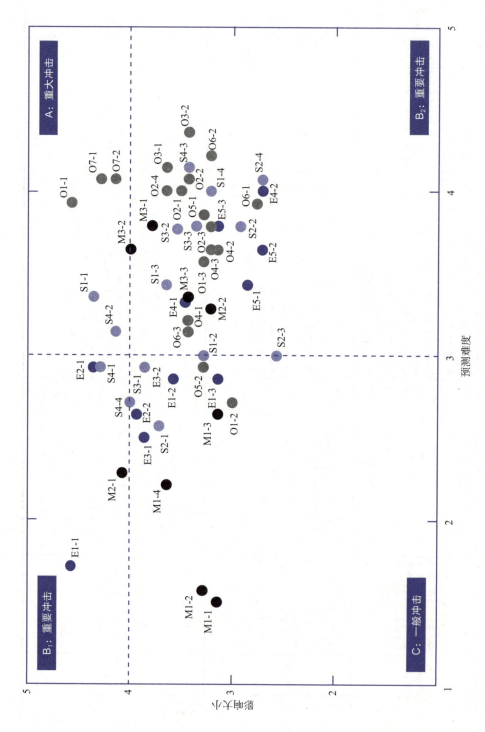

图 2-4 ICT 行业的潜在冲击等级划分

第2章 ICT行业的潜在冲击 63

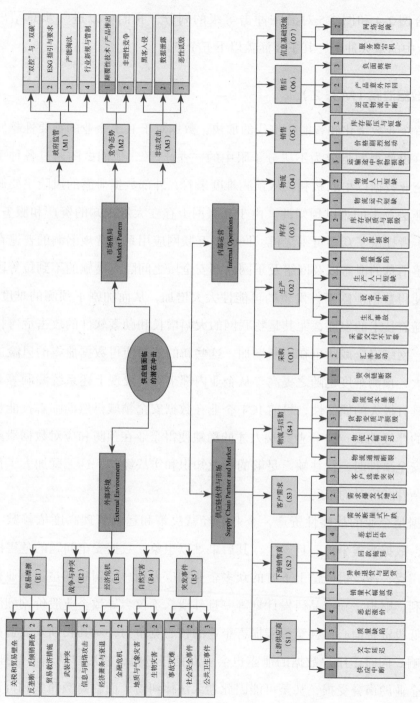

图2-5 ICT行业的潜在冲击及等级

结合图 2-4 和图 2-5 对潜在冲击等级的划分，我们可以进一步总结出 ICT 行业中的重大冲击，其主要涵盖以下五个方面。

1. 数据泄露（M3-2）

随着企业数字化和智能化步伐的加快，数据对于 ICT 企业的重要性越发凸显，这也使得数据成为不法分子眼中的"香饽饽"，他们试图通过各种手段盗取企业数据以牟取私利。从预测难度来看，外部数据泄露的风险主要源于网络非法攻击的难以预知性。由于互联网上存在大量未知的资产和服务，这为攻击者提供了众多可乘之机。同时，互联网应用系统常规漏洞的普遍存在、敏感信息的泄露以及网络及子网内部安全域之间隔离措施的不到位等因素，都使得数据泄露事件发生的可能性大大增加，从而加剧了预测的难度。此外，随着技术的发展，尤其是物联网的大幅增长和勒索软件的攻击危害持续增长，网络安全威胁也在不断增加。这些新的威胁使得数据泄露的风险进一步加大，预测难度也随之提高。从企业内部来看，发现上述系统漏洞等非法攻击具有极大的偶然性，目前 ICT 企业在数据安全领域仍然面临着技能长期短缺的严峻挑战。IT 行业高端人才的稀缺使得企业在预防和应对数据泄露等网络安全事件时，往往缺乏足够的专业知识和实战经验，这无疑加大了预测的复杂性和应对的难度。

数据是企业的战略性资产，企业的经营决策和运营管理高度依赖数字化系统，数据泄露事件一旦发生，其后果难以想象。数据安全问题的危害波及范围广泛，涉及供应链上下游的众多企业和广大用户的切身利益。商业机密如专利、财报、新产品研发计划等一旦外泄，不仅会导致企业股价剧烈波动，降低投资者信心，甚至可能损害企业的核心竞争力，对其长期发展造成深远影响。同时，用户数据的泄露也会引发信任危机，使用户的信心受挫，还会使企业的声誉受损，甚至可能因此卷入法律纠纷，面临高额罚款和诉讼风险。此外，若企业保密的新合作伙伴关系被泄露，竞争对手可能因此洞悉企业战略，提前制定应对措施，从而对企业的经营运作造成不小的冲击。

  调研机构 Audit Analytics 回顾了 2011—2019 年的 639 起上市公司网络安全事件，发现每起网络数据泄露事件的平均损失高达 1.16 亿美元[⊖]。其题为《网络安全事件披露趋势》的报告指出，2019 年网络罪犯通常旨在获取客户姓名、住址和电子邮件地址（占比分别为 48%、29% 和 28%）。2018 年，姓名和信用卡信息是最受网络罪犯欢迎的信息类型。2011—2019 年，恶意软件（34%）是获取数据的常用方法，其次是网络钓鱼（25%）、未授权访问（20%）和错误配置（12%）。缺乏防护的企业常因放任攻击发生而付出代价。Audit Analytics 报告发现，修复费用和股价下跌是数据泄露事件的两个重大财务影响。数据泄露损失的首要影响因素是被盗信息的价值。失窃财务信息的破坏性众所周知，但 Audit Analytics 指出，2016—2019 年，身份证号码也成了网络窃贼眼中的"香饽饽"，身份证号盗窃在那段期间增加了 500% 以上。2011 年以来，修复费用超过 5 000 万美元的上市公司数据泄露事件中，有 7 起财务信息被盗，3 起身份证号码失窃。受害最严重的几家是：2013 年的塔吉特（2.92 亿美元），2014 年的家得宝（2.98 亿美元），2017 年的 Equifax（17 亿美元）和 2018 年的万豪（1.14 亿美元）。2019 年，Facebook 以 50 亿美元的和解金结束了美国联邦贸易委员会（FTC）对其长期的数据泄露隐私调查。数据泄露损失的第二个决定因素是发现数据泄露的耗时长短。Audit Analytics 报告称，企业平均需要耗时 108 天才能发现数据泄露，报告数据泄露则还需要再加 49 天，从发现数据泄露到通知监管机构的中位间隔是 30 天。发现数据泄露后立即披露的企业股价下跌 0.33%，但拖延一个月才披露的企业遭遇了 0.72% 的股价下跌，降幅几乎倍增。若企业未能披露

⊖ 数世咨询 639 起上市公司数据泄露，平均损失高达 1.16 亿美元，微信公众号：安全内参，2020 年 7 月 8 日。

攻击，而是被外部人士披露，则股价跌幅还要更大。这种情况下，企业股价在攻击披露3天之后下跌1.47%，一个月后跌幅为3.56%。数据泄露事件披露的拖延症之王当属雅虎，雅虎早在2013年就知道黑客渗透了自己的系统，但直到2016年被威瑞森收购时才披露这一事件，整个泄露事件影响超过30亿个账户。因数据泄露事件报告延迟了1 649天，证券交易委员会最终对雅虎处以3 500万美元的罚款。

综上可知，ICT企业在预测数据泄露方面存在极大难度，且该冲击发生后的影响极其严重。这主要是数据泄露途径和风险的多样性、泄露事件的严重性、技术发展的挑战以及高端技能人才短缺等因素共同作用的结果。因此，信息与系统安全对于ICT企业来说是重中之重。ICT企业必须将数据安全问题提升至战略高度，通过加强安全防护措施、提高应急响应能力等多方面的努力来有效应对潜在的数据泄露冲击。

2. 供应中断（S1-1）

供应链的全球性和复杂性使得预测供应中断变得异常困难。ICT企业的上游供应网络涉及多个环节和合作伙伴，包括原材料供应商、零部件供应商等，相互之间的关联错综复杂，任何一环出现问题都可能导致整个供应链的中断。同时，供应商通常跨越多个国家和地区，不同地区的政治、经济、环境等因素都可能对其稳定供应造成威胁，越来越多的中断来源于地缘政治下的非理性博弈行为。更为棘手的是，ICT企业与上游供应商之间往往存在着信息不对称的现象。供应商在运营过程中遭遇的问题往往难以迅速有效地传达至下游企业，同样，下游产品需求的波动也无法及时准确地反馈给上游供应商。这种信息的不畅通，无疑增加了企业对供应商潜在问题的预测难度，进一步加大了企业面临的供应中断冲击。

供应中断对ICT企业的影响极为严重。一旦关键物料供应受阻，企业将无法如期获取所需的原材料、组件或设备，从而直接导致生产不齐套、生产线被迫停滞、生产能力受到严重限制，甚至导致业务线的放弃等问题。面对这一突发状况，企业不得不重新评估并调整生产计划，可能涉及订单交付时间的延迟、设备与人员的重新调配，以及内部资源的优化分配等，这无疑加大了企业的运营压力。更为严重的是，供应中断可能迫使企业从非主要渠道采购原材料或组件，这不仅可能引发产品质量的不一致问题，还会因此增加额外的成本。此外，供应中断导致的无法如期履约问题，将直接损害企业的品牌声誉，对其长期发展构成威胁。一旦企业无法及时满足客户需求，客户可能会转而寻找其他更为可靠的供应商，从而导致客户流失和市场份额的缩减。这一系列连锁反应，都凸显了供应中断对 ICT 企业带来的严重冲击。

2014 年，苹果公司遭遇了其蓝宝石玻璃供应商 GTAT 的破产保护申请，导致供应链中断。GTAT 未能按合同供货，迫使苹果公司紧急寻找替代供应商，承受了额外成本和项目延迟。同样，华为也经历过软件供应中断的挑战。EDA 软件是半导体产业链中不可或缺的工具，涵盖 IC 设计、制造到封装测试等环节。美国的企业在这一领域占据主导地位，如 Cadence、Synopsys 和 Mentor Graphics 等。近年来，由于国际政治经济形势发生变化，美国对部分中国科技企业实施技术封锁和出口管制，其中包括限制 EDA 软件的供应。这使得华为的研发进度受阻，增加了供应链风险和成本，并影响了其市场竞争力。

因此，尽管预测供应中断的难度很大，但影响的严重性使得 ICT 企业需要高度重视供应中断这一重大冲击的管理和控制。企业需要深化与原有供应链合作伙伴的沟通与合作，构建稳固、紧密的供应链关系网络，同时，通过近岸外包、国产替代等策略来"保供"，确保在面临供应中断时能够迅速响应、有效应对，从而将损失降至最低。此外，企业还需要制订完善的供应冲击管理计划，包括建立应急响应机制、进行冲击评估和监控等，以应对潜在的供应中断冲击，确保企业运营的连续性与稳定性。

3. 物流大幅延迟（S4-2）

物流系统本身的复杂性使得预测变得困难。物流涉及多个环节和参与者，包括运输、仓储、配送等，每个环节都可能受到各种因素的影响，如天气、交通状况、人为失误等。这些因素的不确定性使得准确预测物流延迟变得相当困难。另外，供应链全球化的趋势增加了预测的难度。ICT 企业的供应链往往跨越多个国家和地区，涉及不同的政治、经济和文化环境。这些因素的变化都可能对物流产生影响，例如贸易政策的变化、汇率波动、地缘政治紧张等。由于这些因素的复杂性和不可预测性，企业很难准确预测物流延迟的情况。

ICT 企业对于物流延迟的敏感度高，因为它们的业务往往依赖于高效的供应链和物流系统。物流大幅延迟的影响常常呈现出连锁反应的特点，一旦发生，便可能迅速波及整个供应链，造成一系列严重后果。当零部件、设备或产品无法按时抵达目的地时，生产和交付的进程将被迫延迟，从而导致生产线的中断或停滞，甚至可能引发整个生产系统的瘫痪。为了弥补这一延误带来的损失，企业不得不采取额外的运输和储存措施，进而产生额外的费用。此外，由于无法按时履行订单，客户满意度将受到严重影响，可能引发客户投诉、订单取消，甚至丧失重要客户等严重后果。

2021 年 3 月，超大型集装箱船"长赐号"在苏伊士运河搁浅，导致这条全球关键贸易通道堵塞近一周，对 ICT 行业造成了重大冲击。此次事件不仅揭示了全球供应链的脆弱性，还通过一系列连锁反应，严重影响了 ICT 企业的运营和市场表现。苏伊士运河堵塞期间，全球贸易每周损失估计达60 亿～100 亿美元。对于依赖进口零部件的 ICT 企业来说，这一事件尤为致命。数百艘货船被困，许多装载着芯片、电子元件等关键物资的船只无法按时交付，导致生产线停滞和新产品发布延迟。为绕行非洲好望角，ICT 企业面临数周的额外航程时间和大幅增加的运输成本。丹麦海运咨询公司 Sea-Intelligence 指出，每天约有 30 艘重型货船通过苏伊士运河，堵塞一天即意味着 5.5 万个集装箱延迟交付。这使得 ICT 企业承受更高的物流成本和更大的库存压力。关键零部件短缺使一些 ICT 企业无法按时交货，导致客户流失和市场份额下降。

因此，为有效应对物流大幅延迟这一重大冲击，ICT 企业必须采取有力措施，如开设多通道物流、建立物流中断预警机制、优化物流流程等，从而最大程度地降低物流大幅延迟带来的损失和不良影响。

4. 资金链断裂（O1-1）

ICT 行业的快速发展和变革增加了企业预测资金链断裂的难度。随着技术的不断进步和市场需求的不断变化，企业需要不断调整战略和业务模式以适应市场变化。然而，这种调整往往伴随着资金流的波动和风险，使得资金链的稳定性难以预测。企业可能在扩张过程中过度依赖外部融资，导致负债过高；或者由于内部管理不善，成本控制不严格，导致资金流失严重。这些因素都可能引发资金链断裂，但由于它们通常隐蔽在复杂的经营活动中，很难被及时识别和预测，并且局部资金链断裂可能持续发酵，引发系统性资金断裂。

资金链断裂将给企业带来巨大的资金周转压力，导致企业无法及时支付采购款项，进而严重影响后续生产等流程的正常进行。同时，由于无法按时支付货款，企业与供应商之间的合作伙伴关系将受到严重损害，进而陷入采购难度不断增大的恶性循环。此外，资金紧张还可能迫使企业降低采购标准，选择质量较差的货品。这不仅增加了产品交付违约的风险，还可能导致消费市场份额的流失，严重损害企业的声誉和品牌形象。更糟糕的是，资金链断裂还可能引发企业的法律风险和财务危机，极端情况下，甚至可能导致企业运营全盘崩溃、破产倒闭。

2015 年，光威科技因资金链突然断裂陷入多重危机，揭示了资金健康对高科技企业的重要性。资金链断裂导致光威科技无法按时支付供应商款项，多家关键供应商采取法律手段追债或停止供货，并转向更稳健的合作伙伴，进一步加剧了光威科技的生产困境。由于无法采购原材料和设备，光威科技的生产线被迫减缓甚至暂停，生产能力在几个月内下降超过50%，大量订单积压，客户流失，库存和运营成本增加。生产能力的下降还导致交付严重延迟，客户满意度急剧下滑，光威科技的市场份额受到竞争对手冲击，企业信誉大打折扣。与此同时，员工工资延迟发放，士气低落，工作效率下降，关键岗位员工因前景不明纷纷离职，员工流失率创历史新高。

资金链断裂的冲击对企业而言是毁灭性的，因此，企业必须采取切实有效的措施来强化资金管理、严格防控风险，以确保企业能够稳健运营，实现可持续发展。为达成此目标，企业可以从多个方面入手：首先，企业可以加强内部管理，对资金进行流动性管理，优化成本控制，提高资金利用效率，确保所有资金都能产生最大的价值；其次，关注供应链金融，积极寻求多元化的融资渠道，降低对单一融资来源的依赖，以减少融资风险；最后，建立完善的冲击预警机制，及时发现并应对潜在的资金链冲击，确保企业在面临风险时能够迅速做出反应，保障企业的长期稳定发展。

5. 服务器宕机（O7-1）和网络故障（O7-2）

服务器宕机和网络故障同属于企业内部信息基础设施运营中出现的重大冲击。服务器宕机和网络故障的发生往往受到多种因素的影响，包括硬件故障、软件故障、电力故障、网络拥堵、路由器故障等。ICT企业的服务器和网络系统通常具有高度的复杂性和互联性。服务器可能涉及多个操作系统、数据库和应用程序，而网络系统则可能覆盖多个地理位置和不同的网络协议。这种复杂性使得任何一个环节的故障都可能引发连锁反应，导致整个系统崩溃。由于难以对整个系统进行全面监控和实时分析，很难提前预测故障的发生。此外，随着技术的快速发展和应用场景的不断变化，新的故障模式和潜在风险也不断涌现，进一步增加了预测的难度。尽管有些技术手段可以用于监控和预警潜在的服务器宕机和网络故障，但这些手段并非万能的。监控工具可能存在盲区，无法覆盖所有的故障场景；预警系统也可能因为误报或漏报而失去作用。此外，人为操作失误、配置错误或安全管理不当等原因，也可能导致故障的发生。

这两个重大冲击对于信息化程度不同的企业所带来的影响存在显著差异。但总体来看，ICT 行业因其高度的数字化和智能化特性，相较于其他行业更依赖于服务器的稳定运行。在企业运营过程中，多个核心系统都紧密依赖服务器的顺畅运作。一旦发生服务器宕机，企业的业务运营将遭受严重中断，对正常运营造成极大的影响。为了排查和修复这种故障，企业需要投入大量的人力和时间资源，而且从长期角度来看，可能还需要考虑更换服务器、升级系统等一系列措施，这无疑会使维护成本大幅攀升。此外，网络故障对企业同样构成了不容忽视的威胁。它会导致业务系统无法正常运行，使得企业内部通信陷入困境，员工无法正常利用网络资源进行工作，进而使得工作效率和生产效益大打折扣。如果故障长时间得不到解决，甚至可能引发停工和生产中断的严重后果。更为严重的是，网络故障还可能带来数据丢失或被非法获取的风险，直接危及企业的商业机密、客户隐私以及内部信息安全，给企业带来信任危机和法律风险。一旦客户因为网络故障而无法获得及时的服务或网站无法正常使用，客户满意度将大幅下降，甚至可能因此导致客户流失。

2017 年 2 月，亚马逊的 AWS 的 S3 服务因程序员操作失误导致服务器故障，一名工程师在调试时误删了大量服务器，影响了 S3 的两个关键子系统，致使包括 Slack、Quora 和 Trello 在内的多家公司网站无法正常访问、上传或下载文件，业务中断近 4h。据估算，AWS 每分钟宕机损失达 66 240 美元。此次事件不仅给亚马逊带来了巨大的经济损失，也使依赖其服务的企业蒙受损失，严重损害了 AWS 的声誉和客户信任。

2024 年 6 月 2 日中午（北京时间 3 日凌晨 3 时），谷歌网络服务出现大面积异常，影响了包括谷歌邮件、谷歌云、YouTube 和 Snapchat 在内的多项应用，客户报告系统速度缓慢甚至无法登录，主要波及美国东部和欧洲地区。作为全球领先的科技企业，谷歌的网络稳定性和安全性对客户和企业至关重要，此次事件显著降低了客户满意度。

因此，对于 ICT 企业而言，信息与系统安全仍是重中之重。预防和应对服务器宕机和网络故障是至关重要的，必须采取切实有效的措施来保障企业运营的连续性和稳定性，以维护客户的满意度和企业的声誉。这包括加强信息系统的监控和维护、提高故障处理效率、加强安全管理等，以确保企业的服务器和网络业务能够稳定、可靠地运行。

| 第 3 章 |

ICT 供应链韧性评价指标体系

为了全面应对已识别出的各类潜在冲击，本书基于冲击前、冲击中和冲击后的逻辑，分别从战略、应急和恢复三个层面切入，依次探究包容性、适应性和恢复性三个维度的韧性影响因素，最终确定了供应链韧性评价的一般框架，即 AAR 指标体系。

3.1 相关概念界定

3.1.1 ICT 供应链及其特征

ICT 供应链是指"为满足供应关系，通过资源和过程将供方、需方相互连接的网链结构，可用于将信息通信技术的产品、服务提供给需方。"它涵盖了硬件供应链和软件供应链，通常包括采购、开发、外包、集成等环节。如图 3-1 所示，ICT 供应链通常具有多级结构，并具有全球分布性、全生命周期、产品服务复杂性和供应商多样性的特点。具体如下。

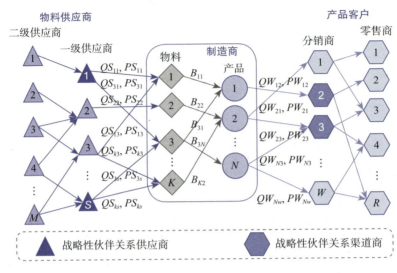

图 3-1 ICT 供应链简图

（1）**全球分布性**。ICT 供应链的各个环节可能分布在全球各地，需要进行跨地域的协调和管理。

（2）**全生命周期**。ICT 供应链不仅包括产品的设计和开发，而且涵盖了采购、生产、仓储、物流、销售、维护和召回等全生命周期的环节。

（3）**产品服务复杂性**。ICT 产品和服务往往具有较高的技术含量，涉及多种部件和系统，因此具有较高的复杂性。

（4）**供应商多样性**。ICT 供应链中的供应商可能来自不同的国家和地区，具有不同的技术背景和业务模式，因此需要进行多样化的管理和协调。

ICT 供应链可以简化为一个生产 $N(i \in \{1,2,\cdots,N\})$ 个产品的制造商，该制造商拥有 S 个一级供应商、M 个二级供应商、W 个分销商和 R 个零售商。其中，产品 i 是由不同物料组装而成的，物料 $k(k \in \{1,2,\cdots,K\})$。物料 k 由不同的供应商提供，其中供应商 $s(s \in \{1,2,\cdots,S\})$ 的供应量为 QS_{ks}、供应价格为 PS_{ks}。产品 i 通过分销商进行销售，其中分销商 w 批发的产品数量为 QW_{iw}、批发价格为 PW_{iw}。本书中所使用的数学符号及其定义如表 3-1 所示。

表 3-1 数学符号及其含义

符号	含义
N	制造商生产的产品种类数量
K	制造商生产的产品所需要的物料类别的数量
S	一级供应商数量
M	二级供应商数量
W	分销商数量
R	零售商数量
QS_{ks}	供应商 s 向制造商提供的物料 k 的数量
PS_{ks}	供应商 s 向制造商提供的物料 k 的价格
QW_{iw}	分销商 w 向制造商购买的产品 i 的数量
PW_{iw}	分销商 w 向制造商购买的产品 i 的价格
α_k	关键物料 k 的重要度
β_i	关键产品 i 的重要度

3.1.2 供应链中的关键概念

（1）**关键物料**。关键物料是指在企业的生产和运营过程中具有重要作用的物料，如关键原材料、重要零部件等，通常它们对于产品的质量、性能和交付能力起到至关重要的作用。关键物料的识别大多是通过分级分类管理实现的，通过价值链分析、历史事件分析等手段，并基于重要程度、可替代性、获取难度等维度识别出关键物料。例如，在 ABC 分类法中，根据物料的价值和重要性，将物料分为 A、B、C 三类。其中，A 类物料具有最高的重要性和价值，B 类物料具有较高的重要性和价值，C 类物料具有最低的重要性和价值。一般来说，A 类和 B 类物料被认为是关键物料。具体操作步骤如下。

① 计算每一种物料的年累计金额，计算公式如下：

$$AT_k = \sum_{s,t} QS_{kst} PS_{kst}$$

② 将所有物料按照年度采购金额 AT_k 由大到小排序并列成表格。

③ 计算每一种物料金额占库存总金额的比率，即物料 k 的重要度，计算公式如下：

$$\alpha_k = \frac{AT_k}{\sum_{n=1}^{k}\alpha_n}$$

④计算前 k 个物料的累计比率，即 $\sum_{n=1}^{k}\alpha_n$。

⑤按照累计比率将物料进行分类。累计比率在 0～60%（含）的，为最重要的 A 类物料；累计比率在 60%～85%（含）的，为次重要的 B 类物料；累计比率在 85%～100%（含）的，为不重要的 C 类物料。

（2）关键产品。企业的关键产品是指那些具有较高技术含量、创新性和市场竞争力，能够为企业带来可观收益和市场份额的产品。这些产品对于企业的生存和发展至关重要，通常可以根据产品的市场份额和消费者认可度来识别。同样地，可以根据 ABC 分类法识别关键产品，具体操作步骤如下。

①计算每一种产品的年累计销售额，计算公式如下：

$$AT_i = \sum_{w,t} QW_{iwt} PW_{iwt}$$

②按照销售额由大到小排序并列成表格。

③计算每一种产品销售额占产品总销售额的比率。

④计算累计比率。

⑤按照累计比率将产品进行分类。累计比率在 0～60%（含）的，为最重要的 A 类产品；累计比率在 60%～85%（含）的，为次重要的 B 类产品；累计比率在 85%～100%（含）的，为不重要的 C 类产品。

（3）关键供应商。关键供应商是指对企业运营及发展存在重大影响的供应商。例如，大订单量供应商、关键物料供应商及不可替代供应商等。关键供应商的识别可以帮助企业将有限的资源率先应用在这些供应商的环境与社会风险管控上，再逐渐扩大风险管理的供应商范围。同样地，可以根据 ABC 分类法识别关键供应商，具体操作步骤如下。

①计算每一个供应商的年累计金额，计算公式如下：

$$AT_s = \sum_{k,t} QS_{kst} PS_{kst}$$

②将所有产品按照年度销售额 AT_i 由大到小排序并列成表格。

③计算每一种产品销售额占产品总销售额的比率,即产品 i 的重要度,计算公式如下:

$$\beta_i = \frac{AT_i}{\sum_{i=1}^{N} AT_i}$$

④计算前 i 个产品的累计比率,即 $\sum_{n=1}^{i} \beta_n$。

⑤按照累计比率将供应商进行分类。累计比率在 0 ～ 60%(含)的,为最重要的 A 类供应商;累计比率在 60% ～ 85%(含)的,为次重要的 B 类供应商;累计比率在 85% ～ 100%(含)的,为不重要的 C 类供应商。

(4)关键客户。关键客户是指对企业的销售额和利润做出重要贡献,同时对企业的长期发展具有重要战略意义的客户。这些客户通常是企业的重要合作伙伴,能够为企业带来稳定的收入和利润增长,是企业业务发展的重要支撑。同样地,可以根据 ABC 分类法识别关键客户,具体操作步骤如下。

①计算每一个客户的年累计销售额,计算公式如下:

$$AT_w = \sum_{i,t} QW_{iwt} PW_{iwt}$$

②按照销售额由大到小排序并列成表格。

③计算每一个客户销售额占总销售额的比率。

④计算累计比率。

⑤按照累计比率将客户进行分类。累计比率在 0 ～ 60%(含)的,为最重要的 A 类客户;累计比率在 60% ～ 85%(含)的,为次重要的 B 类客户;累计比率在 85% ～ 100%(含)的,为不重要的 C 类客户。

3.2 评价指标体系设置原则

根据供应链韧性的内涵界定，参考以往有关供应链韧性评价的研究成果，本书在评价指标构建和选择方面，坚持"科学设计、构成简约、数据可比、指导实践"的原则，以构建一套科学合理的评价指标体系。具体而言，必须遵循下列原则。

（1）**科学性**。ICT 供应链韧性评价指标体系的构建要具有科学性和合理性，要能全面反映 ICT 供应链韧性的客观现实，即 ICT 供应链韧性的评价指标必须能准确表达 ICT 供应链韧性的内涵。因此要求评价指标的构建必须有客观依据，从科学的角度系统而准确地理解和把握供应链韧性的实质。评价指标是否科学，一方面取决于评价指标是否符合客观实际，符合已被实践证明了的科学理论；另一方面取决于评价指标设置的结果是否能够经受历史的验证。在 ICT 供应链韧性评价指标的构建上，还要特别关注评价引导的行为是否符合供应链韧性发展的目标，以及这些行为是否对经济增长有促进作用。

（2）**系统性**。ICT 供应链是由各种子系统与各种要素相互关联影响而形成的一个整体系统，在筛选评价指标的过程中，要注重平衡指标间的独立性与相互联系，确保选取的指标能全面、准确地反映供应链韧性的整体特征。同时，在构建 ICT 供应链韧性评价指标体系时，要全面筛选影响因素，避免影响因素的遗漏对结果造成偏差。

（3）**层次性**。ICT 供应链韧性评价指标体系的构建是基于匹配供应链中断阶段的不同韧性能力维度来展开的，所以在识别影响因素的过程中应注意时间上的层次性。层次性强调的是系统内部各个部分之间的关系，因此设计的指标体系必须是有序结构，上一层次的项目要能够全面覆盖下一层次的项目，而下一层次的项目则要完整体现上一层次的本质内容。

（4）**独立性**。如果把上下层次之间的关系比作"隶属关系"，那么同一层次各评价指标之间则是"专业分工"的关系。这些指标必须"分工明确"，从不同的角度展现目标的价值，不设重复指标，不设交叉重叠指标。纵向的层次有序性和同一指标层各指标间的独立性相结合，共同构成了 ICT 供应链韧性评价指标体系的严密逻辑结构，舍其一将造成逻辑混乱。

（5）**信息可取性**。设置评价指标的目的不是做理论探讨，而是要付诸实践。在设计指标时一定要注意指标的信息可取性即可行性，这样的设计方案才可具体实施。因此，在设计指标体系时，尤其要注意设计的指标值是否可以利用现有数据或相关指标的数据经过简单的换算得到。ICT 供应链韧性评价指标体系要尽可能量化，以利于进行资料的统计分析。但对于一些难以量化而又意义重大的指标，也可以使用定性指标来描述。

（6）**普适性**。为使研究结果能广泛应用于众多 ICT 供应链，选取的供应链韧性评价指标必须具备普适性特点。这些指标应能够普遍适用于不同类型的 ICT 供应链，并能够准确反映其韧性水平。通过选择具有普适性的指标，可以确保研究结果的通用性和可比性。

3.3 评价指标识别

3.3.1 理论框架

韧性优秀的材料通常具备材质优良的特点（如刚性、柔性等），能够通过变形来应对外力影响，外力消失后能够快速恢复原状。类似地，具有韧性的供应链首先在拓扑结构上需要具备足够的刚性和柔性，在受到重大事件冲击时有灵活的自我调节机制，以应对冲击带来的影响，且在受到重大冲击之后能以较小的代价在较短的时间内恢复甚至超越冲击之前的状态。

因此，为了有效应对 ICT 供应链所面临的潜在冲击（详见第 2 章），需要从潜在冲击事件发生前、发生中和发生后的三个阶段，系统打造 ICT 供应链韧性。在冲击前，从战略层面考察供应链拓扑结构抵御冲击的能力（包容性）；在冲击中，从应急层面考察供应链在遭受冲击后快速切换到备份或冗余结构的能力（适应性）；在冲击后，从恢复层面考察供应链快速从遭受冲击状态恢复到正常状态的能力（恢复性）。一般而言，供应链的包容性、适应性和恢复性越高，供应链韧性就越强。ICT 供应链韧性在冲击前、冲击中和冲击后三个维度的不同表征形式及功能如图 3-2 所示。

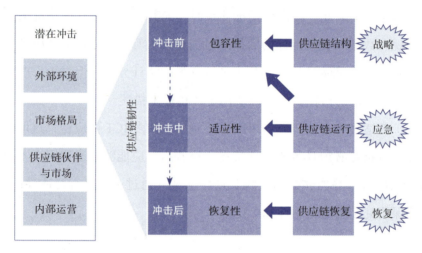

图 3-2 供应链韧性三个维度的表征形式及功能

3.3.2 包容性评价指标识别结果

包容性是供应链中断前韧性的表征形式，是供应链主动通过结构设计、预警机制等事前准备以吸收或抵御外部冲击的影响，并以相对较低的成本或较小的努力将中断概率最小化的能力。结合包容性的特性及相关文献，本书从供应链网络的结构嵌入性和关系嵌入性两个维度出发，同时融入潜在冲击预警体系的分析，识别出以下三类关键影响因素。其中，结构嵌入性侧重于焦点企业所处的外部网络的静态结构特征（Ordóñez de Pablos, 2005），关系嵌入性侧重于焦点企业与网络中合作伙伴的相关联系和关系密切程度（Gulati 等，2007）。

1. 供应链拓扑结构

供应链的静态结构特征对于吸收供应链可能面临的冲击至关重要。在描述、分析和管理供应链的过程中，我们必须考虑三种核心的供应链拓扑结构（Supply Chain Topology Structure）：水平结构、垂直结构以及企业在供应链中的位置。特别值得一提的是，水平结构（即供应链的长度）和垂直结构（即每一层级中供应商或客户的数量）是衡量供应链韧性的关键指标。通过综合考虑供应链的包容性特征及其网络拓扑特征，本书总结出以下七个影响因素。

（1）**供应商集中度**。供应商集中度是指企业所采购的物资或服务来自少数几家供应商的程度。供应商集中度高意味着企业对少数几家供应商的依赖性较高，而供应商集中度低意味着企业采购来源分散。尽管供应商集中度高可能带来效率提升和成本降低的好处，但同时也可能增加供应链的脆弱性和风险。具体来说，当供应商集中度较高时，企业对现有供应商的依赖度更高，一旦某个上游供应商发生供应中断或交付延迟，就可能导致物料短缺，进而影响企业的正常生产或降低企业的运营效率。为了增强供应链的稳定性和韧性，企业应构建多层次的供应商网络，避免对单一供应商的过度依赖。

（2）**客户集中度**。客户集中度是指企业对若干大客户（分销商和零售商）的依赖程度。一个企业的客户集中度高意味着该企业的客户资源被少数几家企业所垄断，而客户集中度低则意味着该企业的客户资源分散在众多企业之间。因此，客户集中度将加大供应链的脆弱性。因为一旦这些客户出现异常退货与囤货行为，会给企业生产与库存管理带来巨大压力。此外，单一客户依赖将导致企业面临较大的销售压力和风险。相反，如果企业能够建立多元化的客户群体，降低客户集中度，将有助于提高供应链韧性。

（3）**供应商本土化程度**。供应商本土化程度是指企业的本土供应商占全部供应商的百分比。当供应商在国内注册成立并拥有固定的服务场所和人员时，可以降低贸易摩擦、战争与冲突等潜在冲击带来的供应中断风险。同时，与本土供应商合作，企业可以减少物流成本和沟通成本，便于更好地了解当地市场和客户需求，提高响应速度和灵活性。因此，供应商本土化程度高可以降低供应链中断风险、提高供应链韧性。

（4）**客户本土化程度**。客户本土化程度是指企业的本土客户占全部客户的百分比。由于企业能够更深入地理解本土客户的需求和文化背景，这使得企业能迅速调整其生产和供应策略，从而更好地满足市场需求，有效降低供应链中断的风险。此外，与国外客户的合作常常会受到贸易摩擦、政府监管等外部因素的潜在冲击。以反垄断和反倾销调查为例，这些调查不仅会大幅增加企业的运营成本和合规风险，更可能导致与国外合作伙伴和客户关系出现裂痕甚至破裂。正因如此，与本土客户的紧密合作显得尤为重要。通过与本土客户的深度合作，企业可以更有效地面对供应链中的不确定性和风险。因此，客户本土化程度越高，越有利于提高供应链韧性。

（5）**供应商可靠性**。供应商可靠性是指供应商在履行承诺、提供稳定且优质的产品或服务方面的能力，是供应商过去一切行为及结果的综合体现。一个可靠的供应商通常具有稳定的生产能力和供货系统、较高的信誉、完善的质量控制和良好的售前和售后服务等特点。可靠的供应商能够确保供应链的稳定性和持续性，从而提升整体供应链在应对风险状况时的敏感度与反应速度，降低供应链中断的概率。因此，更可靠的供应商一定程度上能够提高供应链韧性。

（6）**客户可靠性**。客户可靠性是指客户在履行承诺、提供准时且稳定的产品或服务需求方面的能力，是客户过去一切行为及结果的综合体现。一个可靠的客户通常具有稳定的产品需求，并且能够按合同规定的条件或数量购买产品、按照合同时间表执行采购以及按约定时间付款等。可靠的客户能够确保市场需求的稳定性和连续性，从而提高供应链韧性。

（7）**供应链复杂度**。供应链复杂度是指供应链在水平结构上表现出的复杂程度，可以用供应链链长来描述。具体而言，供应链链长指的是供应链网络中各节点（即企业或组织）间路径的长度，它反映了网络中节点间的距离。这一距离的长短对供应链成员间的信息交换具有显著影响，并可作为衡量成员间关系紧密程度的一个要素。当网络成员间的距离过长时，建立信任和促进充分的信息交流可能会面临诸多挑战，进而使得创建一个协调且协作的环境变得更为复杂。因此，随着距离的增加，企业间的信息交流趋于困难，这可能导致企业间的协调与协作环境进一步复杂化，最终降低供应链韧性。综上所述，供应链复杂度的提升会降低供应链韧性。

2. 供应链伙伴关系

供应链伙伴关系（Supply Chain Partnership）指的是在供应链中，各合作伙伴之间所形成的嵌入性关系，这种关系以协调合作为基础，着重强调成员之间的长期协作、共同规划及问题应对。此外，它还凸显了成员间的相互信任和深入合作的重要性。这种伙伴关系不仅展现了供应链上各个节点企业间的沟通与协作能力，更强调供应链上下游企业间的紧密联系，这样的紧密关系使它们能够共同抵御各种供应链冲击。因此，本书总结出以下四个影响因素。

（1）**供应商战略性伙伴关系**。供应商战略性伙伴关系是企业与其供应商建立的一种合作关系，着重于双方共同努力，以实现共同目标、解决共同问题和挑战，并强调相互之间的信任与合作。这种合作关系建立在长期合作、互相信任和共同投资的基础之上，确保实现共同的目标，如提高产品质量、降低成本、加快交货速度等。通过建立供应商战略性伙伴关系，企业可以显著提高供应链韧性。这种长期且基于互信的关系使企业能够更深入地了解供应商的产能状况、交货周期以及产品质量等核心信息，从而更精准地预测和应对上游供应商可能引发的各种潜在冲击，如供应中断、交付延迟、质量缺陷等。同时，通过与供应商进行联合投资，共同研发和优化产品，企业不仅可以提升产品的质量和性能，还能更好地契合市场需求，进而为企业的持续稳健发展打下牢固的基础。因此，供应商战略性伙伴关系能够提高供应链韧性。

（2）**渠道商战略性伙伴关系**。渠道商战略性伙伴关系是指企业与其渠道商之间建立的一种长期且互利的合作关系。这种关系以相互信任为基础，以追求共同目标和资源共享为核心理念。通过建立与渠道商的战略性伙伴关系，企业能够更有效地应对多变的市场环境，如销量大幅波动、异常退货与囤货等潜在冲击。因此，渠道商战略性伙伴关系能够提高整个供应链的韧性和稳定性。

（3）**信息共享程度**。信息共享程度体现了企业与供应链合作伙伴之间关键信息的流通和共享情况，它揭示了企业在供应链网络中获取并利用其他合作伙伴信息的深度和广度。这种信息的广泛共享，可以减少信息不对称带来的风险，增强企业的决策能力，并提高整个供应链网络的可见性（Awaysheh 等，2010；Bui 等，2021）。另外，高度的信息共享能帮助链上企业及时、清楚地观察整个供应链的运营动态，有助于供应链在冲击情境下第一时间监测和判断中断的具体环节和严重程度，缩短采取应急措施的处理时间，提高应急反应能力，从而最小化供应链中断的范围与损失。因此，信息共享程度越高越能够提高供应链韧性。

（4）**运营决策协同性**。运营决策协同性是指企业与其供应链合作伙伴之间，通过共享需求信息、实时更新并传递关键数据，以及根据实际情况灵活调整生产计划、精细管理库存和及时进行补货等多种方式，共同致力于实现供应链各环节之间的紧密协调与高效运营。这种协同性通常可以通过联合经营计划的采纳度来描述。联合经营计划是指供应链中的合作伙伴共同制订和实施的一系列计划，涵盖生产计划、物流计划、采购计划、销售计划等多个方面。通过实施联合经营计划，可以实现合作伙伴之间的信息共享、资源优化配置和协同工作，进而提升供应链的稳定性和响应速度。因此，运营决策协同性越高越能够提高供应链韧性。

3. 潜在冲击预警体系

潜在冲击预警体系（Potential Shock Forewarning Architecture）指的是检测发现供应链上可能发生的供应、运输、库存、资金等方面的风险，并将相关信息共享给供应链中其他企业的机制。在扰动环境下，预警体系越优化，供应链在统筹决策、资源规划、风险防范和供应链结构等方面考虑得越周全，供应链中断的可能性就越低。因此，潜在冲击预警体系能够影响供应链韧性。结合企业实践，本书总结出以下两个影响因素。

（1）**冲击预警管理机制**。冲击预警管理机制是一种为应对供应链中可能出现的冲击或干扰而建立的专门组织机制。该机制通常由具有相关专业知识和技能的人员组成，包括供应链管理人员、风险管理专家、数据分析师等。冲击预警管理机制的建立有助于提高供应链的稳定性和韧性，降低因冲击或干扰导致的损失和风险。

（2）**冲击预警运行机制**。冲击预警运行机制是指通过一系列流程和制度安排，实现冲击预警的管理和实施。这种机制通常包括检测与信息收集、预警分析、预警发布等，可以通过企业构建的冲击预警系统来描述。冲击预警系统是指企业为了对其可能面临的各种风险进行识别、评估和预警而建立的系统，是一种基于数据分析和实时监测的工具，通常由一系列的算法、模型和分析工具组成，能够从供应链中的各个环节收集数据，并通过机器学习和数据分析技术对供应链的运行状态进行实时监测和评估。建立完善的冲击预警运行机制能够有效提高供应链韧性。

3.3.3 适应性评价指标识别结果

适应性是供应链中断时韧性的表征形式，指的是在冲击事件发生时，供应链能够迅速切换到备用或冗余结构，采取应急措施以适应中断环境并降低损失的能力。它强调的是对变化的适应能力（如供需变化、市场变化、环境变化等），是供应链在不进行任何恢复活动的情况下，通过实施非标准化的操作实践来快速适应自身并试图缓解中断程度的能力，其中非标准化操作实践是供应链在受到外界不利因素影响时所被动采取的一系列应急措施。因此，适应性是供应链在吸收扰动失败而被迫发生中断时呈现的风险适应能力，可视为供应链抵御外部风险的第二道防线。结合企业内部运营过程的不同环节，本书总结出以下七个影响因素。

1. 采购适应性

采购适应性（Procurement Adaptability）指的是采购环节应对供应链突发冲击（供应中断等）的适应能力，它决定了冲击事件发生时物料供应的稳定性和连续性。稳定的物料供应能够为企业的生产和运营提供保障，从而有助于提高供应链韧性。具体来说，可以用供应商候补和采购策略的灵活性来描述采购适应性。

（1）**供应商候补**。供应商候补是指当现有供应商出现问题或无法满足企业需求时，能够迅速切换至候补供应商，以确保短期内的供应稳定，避免供应中断和生产停滞。其中，候补供应商指的是除企业当前合作的供应商之外，已通过企业严格资质审查和产品测试的其他可靠供应商。因此，供应商候补对于提高供应链韧性具有重要作用。

（2）**采购策略灵活性**。采购策略灵活性是指企业能够根据不同业务需求和环境变化，制定和调整采购策略的能力。通过灵活调整采购策略，企业可以迅速适应新的市场趋势，优化成本，确保供应链的顺畅运行。因此，采购策略灵活性对于企业适应环境变化和不确定性事件带来的冲击（如客户需求断崖式下跌或爆发式增长、客户选择突变等）具有重要意义，有助于提高供应链的韧性。

2. 生产适应性

生产适应性（Production Adaptability）是指企业生产环节应对供应链突

发冲击（生产中断等）的适应能力，它决定了冲击事件发生时生产的稳定性和连续性。稳定的生产有助于企业满足市场需求，进而提高供应链韧性。结合生产环节的特点，本书总结出以下四个影响因素。

（1）**产能冗余与备份**。产能冗余与备份是指企业生产过程中超出实际需求或合理程度的额外生产能力，能够反映企业对生产系统中产能的利用率，从长期角度来看，能够反映企业满足市场需求量波动的能力。产能冗余与备份有利于企业应对市场需求波动、生产异常或设备故障等不确定性因素，以确保生产过程的稳定性和连续性。相反，如果生产线的产能过于紧张，那么一旦出现设备故障或市场需求波动（如需求爆发式增长），就可能会导致生产中断，进而导致无法满足客户需求。因此，适当的产能冗余与备份能够提高供应链韧性。

（2）**生产柔性**。生产柔性是指企业在面对市场环境变化时，能够及时调整生产线以满足客户需求的适应性和灵活性。它特别强调生产线适应产品种类变化的能力，包括在产品更新或完全转向后，生产系统能够非常经济和迅速地生产出新产品的能力。因此，生产柔性对于增强企业对市场需求变化的应变能力，尤其是客户选择转变的适应性具有重要作用，能够提高供应链韧性。

（3）**制造网络离散度**。制造网络离散度是指企业生产基地的多元化程度，即企业在不同地理位置建立多个生产基地，以分散生产风险、提高生产效率和灵活性。这种多元化生产基地的策略有助于企业应对战争与冲突、自然灾害、突发事件等外部环境冲击。因此，制造网络离散度越高越有助于提高供应链韧性。

（4）**制造单元协作性**。制造单元协作性是指企业不同生产基地、不同生产线之间能够紧密合作、协调配合的程度。这种协作性不仅能够确保整个制造过程的顺利进行和高效完成，还可以促进信息流、物料流和人员流在制造单元之间的顺畅流动，从而提高生产效率并提升产品质量。当冲击事件发生时，这种协作性有助于提高生产系统的稳定性和连续性，进而提高供应链韧性。

3. 物流适应性

物流适应性（Logistics Adaptability）是指企业物流环节应对供应链突发冲击（物流中断等）的适应能力，它决定了冲击事件发生时物料与产品运输的通畅度。通畅的物流有助于企业按时交付订单，进而提高供应链韧性。结合物流环节的特点，本书总结出以下四个影响因素。

（1）**运输方式多样性**。运输方式是物流体系的核心部分，涵盖了从起点到终点的货物移动方式，常见的运输方式包括陆运（如卡车、火车）、水运（如船舶）、空运（如飞机）等。多元化的运输方式（如陆运、水运、空运等）可以显著提升供应链的灵活性和适应性。当一种运输方式受到干扰时，其他运输方式可以作为替代方案，确保货物能够顺利运输，减少供应链中断的风险。因此，运输方式多样性有助于提高供应链韧性。

（2）**第三方物流依赖度**。根据物流提供商的差异，物流方式可以分为自有物流和第三方物流。在自有物流中，由于企业拥有该物流资源，可以直接控制并管理整个物流过程，从采购、仓储到配送等各个环节都可以自主决策和执行。这种方式可以使物流与企业的核心业务更紧密地结合，便于企业在冲击事件发生时提高物流的稳定性。因此，自有物流能够提高供应链韧性，反之，第三方物流依赖度高则会降低供应链韧性。

（3）**运输能力冗余**。运输能力冗余指的是企业在物流运输系统中，存在超出实际运输需求的额外运输能力，通常包括车辆冗余、船舶冗余等。这种冗余能力可以应对突发需求、运输波动和意外事件，确保物流系统的稳定性和可靠性。例如，当需求爆发式增长时，冗余的运输能力可以快速响应，并满足额外的运输需求，避免生产中断或延误。因此，运输能力冗余能够提高供应链韧性。

（4）**运输线路备份**。运输线路备份是指企业为了应对可能出现的突发事件或不确定性因素，而对运输线路进行额外的备份和准备。这种策略旨在应对主要线路可能出现的中断、拥堵或其他不可预见的冲击，能够及时切换到备用运输线路，从而避免物流中断和交货延迟等问题。因此，运输线路备份能够提高供应链韧性。

4. 库存适应性

在供应链上保持超出正常需要的库存冗余，是打造供应链韧性最简单的方法之一。库存适应性（Inventory Adaptability）指的是企业库存环节应对供应链突发冲击（库存短缺等）的适应能力，是为了确保供应链系统的可靠性，引入的一种能够消除单点故障的机制，可以用来临时满足对物料或最终产品的紧急需求。结合库存环节的特点，本书总结出以下五个影响因素。

（1）**安全库存**。安全库存主要是为了应对未来物资供应或需求的不确定性因素（如大量突发性订货、原材料交付中断或延迟等）而预先准备的缓冲库存。安全库存的存在可以在需求波动或供应中断时提供缓冲，确保生产和销售的连续性。因此，安全库存能够有效提高供应链韧性。

（2）**战略性储备**。战略性储备指的是企业为整个供应链系统的稳定运行（如在淡季继续生产，以维持生产线的生产能力和技术水平）而持有的冗余库存，通常是根据企业的战略规划和市场预测来设置的。在面对各种突发事件时，战略性库存可以提供额外的缓冲和支持，确保企业的生产和销售不会因为供应链的中断而受到影响。因此，企业的战略性储备能够提高供应链韧性。

（3）**仓储容量冗余**。仓储容量冗余指的是企业现有仓库的存储容量超出实际需求的部分。这意味着企业的仓库有足够的空间来存储更多的货物，即使实际需求发生变化也能够应对。这种冗余可以为企业带来一定的灵活性和应对能力，使其能够更好地应对市场波动和供应链中的不确定性。因此，仓储容量冗余能够提高供应链韧性。

（4）**仓储网络复杂度**。仓储网络复杂度是指企业在产品和物流方面所布局的仓储中心的数量及其相互之间的连接程度。产品或物料存放在多个仓储中心意味着更广泛的覆盖范围，可以更好地满足客户需求。这种分散式的仓储网络布局不仅提升了企业的服务能力和效率，还在一定程度上降低了运营风险。因为一旦某个仓储中心遇到问题，其他仓储中心可以迅速进行补充和支持，避免因依赖单一仓储中心导致的风险。因此，仓储网络复杂度越高越能够提高供应链韧性。

（5）**仓储网络离散度**。仓储网络离散度是指企业不同仓储中心地理分布的离散化程度，即企业在不同地理位置建立多个仓储中心。通过在不同的地区建立多个仓储中心，可以实现物料库存的地理隔离，能够降低过于依赖单一区域仓储中心所带来的风险。在面对各种不确定性因素时，离散化的仓储中心能够提供更多的应对方案和更高的灵活性，同时拓展了企业的销售渠道和物流配送选择。例如，企业可以通过在多个地区设立仓储中心，以避免单一地区物流中断对供应链造成的冲击。因此，合理规划和管理离散化的仓储中心至关重要。一旦某个地区的仓储中心遭遇突发事件，其他地区的仓储中心可以迅速调整策略和资源配置，以确保供应链的稳定性和韧性。

5. 销售适应性

销售适应性（Sales Adaptability）是指企业销售环节应对供应链突发冲击（需求骤减等）的适应能力。这种适应性决定了企业在冲击事件发生时，能否快速有效地调整销售渠道以适应市场变化。同时，能够反映企业应对市场变化和客户需求变化的能力。结合销售环节的特点，本书总结出以下三个影响因素。

（1）**销售渠道多样性**。销售渠道结构是企业将产品销售给最终消费者的方式和路径的组合。一般而言，销售渠道可以分为线上和线下两种渠道，比如实体店、电子商务平台、社交媒体等。因此，销售渠道多样性意味着综合采用线上、线下等多种销售路径，这不仅是企业提高销售额、满足客户需求和提高市场竞争力的重要策略，也是企业提高供应链韧性的重要策略。通过多样化的销售渠道布局，能够降低因外部冲击带来的单一销售渠道风险。例如，新冠疫情封控导致实体店关闭，如果缺乏线上渠道的布局，则会严重损害企业的销售业绩。因此，销售渠道多样性能够提高供应链韧性。

（2）**第三方销售渠道依赖度**。销售渠道又可以分为直销和第三方销售渠道。其中，直销可以提高销售方式的自主性，是企业自主掌握销售过程和提高市场竞争力的重要手段，也是提高供应链韧性的重要方式。企业通过建立自主的销售渠道，可以更好地掌握市场信息、客户需求和竞争状况，并根据这些信息调整销售策略和供应链资源配置。这有助于企业更好地预测市场需求变化，如需求断崖式下跌和需求爆发式增长，从而提高供应链的韧性。因此，销售渠道自主性越高越有助于提高供应链韧性；反之，第三方销售渠道依赖度越高越会降低供应链韧性。

（3）**定价策略灵活性**。定价策略灵活性是指企业根据市场环境、竞争状况、产品特性等因素，在制定和调整产品价格时具备的灵活性和应变能力。一个具备定价策略灵活性的企业能够快速响应市场变化，通过价格调整来保持需求的稳定性，进而提高供应链韧性。

6. 售后适应性

售后适应性（After-Sales Adaptability）是指企业售后服务环节应对供应链突发冲击（负面舆情等）的适应能力，它决定了冲击事件发生时售后服务的稳定性和连续性。结合售后环节的特点，本书总结出以下三个影响因素。

（1）**售后服务能力冗余**。售后服务能力冗余是指企业拥有超出正常需要的售后服务资源和能力。其中，售后服务能力是指企业提供售后服务的能力和水平，包括维修、保养、退换货等方面的服务。售后服务能力冗余可以使企业在面对冲击时更能从容应对。例如，当某些零部件出现质量问题时，企业可以迅速提供维修或更换服务，而不需要等待新的零部件到货。这不仅可以减少客户的等待时间，提高客户满意度，还可以避免因供应链中断而导致的售后停滞和损失。此外，售后服务能力冗余还可以帮助企业更好地应对市场需求的变化。在市场需求波动较大的情况下，企业可以快速调整售后服务资源，以满足不同客户的需求。例如，在市场需求旺盛时，企业可以提供更多的维修和保养服务，以满足客户的即时需求。因此，售后服务能力冗余有助于提高供应链韧性。

（2）**售后服务网络复杂度**。售后服务网络复杂度是指企业布局的售后服务网点的数量。一个拥有众多售后服务网点的企业，可以更好地满足客户需求和提高供应链韧性。首先，多个售后服务网点意味着更广泛的覆盖范围，在市场需求分布广泛的情况下，一个密集的售后服务网点可以更快地响应客户需求，减少客户等待时间。其次，多网点售后服务体系可以提高供应链的灵活性。企业可以根据市场需求和区域特点，合理配置各网点的资源和人员，快速调整服务策略。这样，企业可以更好地应对市场变化，满足不同客户的需求。最后，售后服务网点还为供应链提供了稳定性。在突发事件或自然灾害发生时，企业可以迅速调动其他的网点资源，提供紧急救援和支援。这样可以降低单一服务中心受损导致整个供应链中断的风险，提高供应链的抗风险能力。

（3）**售后服务网络离散度**。售后服务网络离散度是指企业布局的售后服务网点的地理分布。通过在不同的地区建立售后服务网点，可以实现售后服务的地理隔离，能够降低过于依赖单一区域的售后服务所带来的风险。在面对突发事件或市场需求波动时，一个分布广泛的售后服务网络能够更好地进行应对。如果网点过于集中，可能会导致某一地区出现问题时整个供应链受到影响，而离散度较高的网络则能够降低这种风险。同时，离散度较高的售后服务网络还能够更好地覆盖不同地区的需求。在客户需求多样化的情况下，不同地区的客户可能对售后服务的需求存在差异。一个分布广泛的网络能够更好地满足不同地区的特定需求，提高客户满意度和忠诚度。因此，售后服务网络离散度越高越能够提高供应链韧性。

7. 应急管理体系

应急管理体系（Emergency Management Architecture）是指针对可能出现的突发事件或不确定性因素，制定的一系列应急预案、流程和措施。这些预案、流程和措施能够帮助企业应对供应链中断事件，以减轻其对企业运营和供应链稳定性的影响。结合应急管理体系的特征，本书总结出以下两个因素。

（1）**应急管理组织机制**。应急管理组织机制是企业为应对突发事件冲击而建立的，是打造供应链韧性不可或缺的一部分，是应急管理团队负责在面对突发事件或冲击时，迅速做出反应并采取有效措施以降低或消除危机影响的依据。通过资源整合和调配，包括与供应链合作伙伴的紧密协调、资源调配、信息共享等，以确保快速响应并减轻危机对供应链的影响。因此，建立完善的应急管理组织机制能够提高供应链韧性。

（2）**应急调度决策支持**。应急调度决策支持是指在应急情况下，通过提供信息、分析和工具，对应急调度决策过程提供支持和辅助的系统或机制。它能够帮助应急管理人员在有限的时间和资源条件下，做出快速、准确和有效的调度决策，通常包括数据整合与分析、预案管理和优化、资源调度和优化、风险评估和预测、决策辅助工具等。因此，打造完备的应急调度决策支持能够提高供应链韧性。

3.3.4 恢复性评价指标识别结果

恢复性是供应链中断后韧性的表征形式，是供应链在采取一系列吸收扰动和适应中断的行为后仍无法维持可接受的绩效水平时，快速通过一系列恢复措施和引导活动迅速回归正常或高于正常状态的能力。因此，恢复性是供应链在中断发生后呈现的风险排除能力，是处理供应链中断后果的能力，而不是防止中断发生的能力。基于恢复性的特征和以往的研究文献，本书总结出以下三类影响因素。

1. 重建/重构能力

重建/重构能力（Rebuild/Restructure Capability）是指供应链在面临突发情况或冲击后，能够以较小的代价快速修复，并恢复正常运营的能力。具体而言，这要求企业在冲击发生后能够迅速调整自身的业务结构、运营模式或技术架构，以迅速修复受损的环节，并恢复到正常运营状况。一般而言，企业的重建/重构能力取决于有形的资源储备和无形的技术储备两个方面。

（1）重建与重构资源储备。重建与重构资源储备是指企业在面临重建或重构任务时所积累和准备的各种资源。这些资源对于企业来说至关重要，因为它们为企业的重建和重构提供了必要的支持和保障，通常包括资金储备、人力资源储备、供应链资源储备等。重建与重构资源储备的充足与否，直接影响企业在面对冲击时的应对能力和应对成效。因此，企业应注重资源储备的规划和管理，确保在需要时能够迅速调动和利用这些资源，以推动重建和重构工作的顺利进行。

（2）重建与重构技术储备。重建与重构技术储备是指企业在面临重建或重构任务时所积累和准备的相关技术和能力，包括各种相关技术专利、知识产权、技术合作与联盟等。它不仅能够确保企业在冲击过程中技术应用的连续性和稳定性，还能为企业的创新发展提供强有力的支持。因此，企业应注重技术储备的规划、积累和应用，保持对新技术的持续关注和投入，以推动企业的重建和重构取得更好的成效。

2. 替代能力

替代能力（Substitution Capacity）指的是在冲击发生后能够通过替代方案恢复正常运营的能力。这一能力深刻地反映出企业对供应链网络中如物料、技术、物流等关键资源的依赖程度（Pfeffer 等，2015）。具备这种能力的企业在面对供应链中断的困境时，能迅速调整资源配置策略，确保生产、销售等运营环节的连贯性与稳定性。结合企业内部运营过程的不同环节，本书总结出以下七个影响因素。

（1）**供应商可替代性**。供应商可替代性指的是在企业长期运营中，具备选择和使用多个供应商的能力，以确保当某个供应商出现问题或无法继续提供产品或服务时，能够迅速找到并切换到市场上可供选择的供应商。与候补供应商不同，可替代供应商指的是市场上提供企业所需物流的全部供应商，通常取决于市场特征，例如垄断性市场的供应商可替代性就非常低。供应商可替代性对于企业的运营和风险管理至关重要，它有助于企业在供应中断后迅速恢复并保持业务的连续性。

（2）**生产能力可替代性**。生产能力可替代性指的是当现有生产能力受到影响或无法满足需求时，企业能够迅速调整并利用其他生产能力来替代，以避免生产中断和交货延迟等问题，从而确保生产的连续性和满足市场需求的能力。这对企业的运营和供应链韧性至关重要，使得企业能够在经历生产能力损失、技术更新、市场变化等冲击后，快速响应并恢复生产力。一般而言，生产能力可替代性取决于产品的通用性和灵活性。产品的通用性和灵活性越高，能够生产该产品的生产设备和生产线就越多，那么生产能力可替代性就越强。

（3）**物流设施可替代性**。物流设施可替代性指的是在物流系统中，当某一物流设备出现问题或无法满足需求时，企业能够迅速采用其他物流设备来替代，以确保物流运作的连续性和高效性的能力。物流设施可替代性对于供应链韧性至关重要，因为它直接影响物流的稳定性。当某一物流设施受损、能力不足或受到其他限制时，物流设施可替代性能够帮助企业快速调整物流策略，避免供应链中断和延误。一般而言，物流设施可替代性很大程度上取决于设备与技术的标准化，因其能够促进物流设施之间的互操作性。

（4）**库存可替代性**。库存可替代性指的是在供应链或仓储网络中，不同物料之间具备的在一定程度上相互替代的特性。这种可替代性有助于增加供应链的灵活性和稳定性。当某一种物料供应短缺或出现其他问题时，企业可以使用其他可替代的物料来满足需求，从而提高供应链韧性。

（5）**仓储可替代性**。仓储可替代性指的是在仓储环节中，当某一仓储设施或方案出现问题或无法满足需求时，企业能够迅速采用其他仓储设施或方案来替代，确保仓储活动的正常进行。通过标准化仓储技术和管理流程、优化库存管理策略，和加强与合作伙伴的协同合作，企业可以提高仓储的可替代性，确保在冲击事件发生后能够迅速恢复，并保持正常的仓储活动。

（6）**销售渠道可替代性**。销售渠道可替代性指的是企业能够在不同销售渠道之间进行灵活切换或替代的能力，以确保产品的销售和市场的覆盖。在现代商业环境中，销售渠道的可替代性是企业成功的关键之一。较高的销售渠道可替代性意味着企业可以减少对特定销售渠道的依赖，并在面对市场变化、竞争压力或其他挑战时，迅速调整销售策略和渠道布局。因此，销售渠道可替代性能够提高供应链恢复性和韧性。

（7）**售后可替代性**。售后可替代性是指在售后服务阶段，企业能够快速、经济地找到替代的零部件或服务商来维持服务的连续性。一个具有高售后可替代性的供应链能够在面临供应中断或服务质量问题时迅速做出调整，降低其对整体运营的影响。当某个零部件或服务商出现问题时，企业可以迅速找到其他备选方案，确保售后服务的需求得到满足，维持客户满意度和忠诚度。因此，售后可替代性越高越能够提高供应链韧性。

3. 灾后恢复管理体系

灾后恢复管理体系（Disaster Recovery Management Architecture）是指在冲击事件发生后，用于指导和协调灾后恢复工作的一套系统化、综合性的管理框架和机制。这个体系的目标是确保企业灾后恢复工作的高效、有序进行，以恢复到供应链的期望运营水平。

（1）**恢复管理组织机制**。恢复管理组织机制是指在冲击事件发生后的恢复过程中，为了协调、整合和推动恢复工作而建立的组织机制。一个有效的恢复管理组织机制能够确保灾后恢复工作的有序进行，促进各方资源的协调与整合，以尽快恢复供应链的正常运行，并减少对业务运营的负面影响。因此，恢复管理组织机制的建立能够提高供应链韧性。

（2）**重建与重构预案**。重建与重构预案是指在冲击事件发生后的恢复过程中，为了指导重建和重构工作而制订的一套预先设定的计划和方案。它旨在确保灾后重建与重构工作的有序、高效进行，并促进供应链的全面恢复。一般而言，重建与重构预案包含恢复目标和原则、危机评估与诊断、资源调配与优化、恢复计划制订、沟通与协调、风险管理、培训与演练、监控与评估、总结与改进等。因此，重建与重构预案的完备度越高越能够提高供应链韧性。

3.4 评价指标体系构建

为了全面应对第 2 章中所识别的各类潜在冲击，本书遵循冲击前、冲击中和冲击后的逻辑顺序，从战略、应急和恢复三个维度进行深入剖析，逐一探讨了包容性、适应性和恢复性这三个关键维度的韧性影响因素，并据此确立了供应链韧性评价的基本框架，简称 AAR 指标体系。图 3-3 展示了潜在冲击与供应链韧性指标间的内在联系。

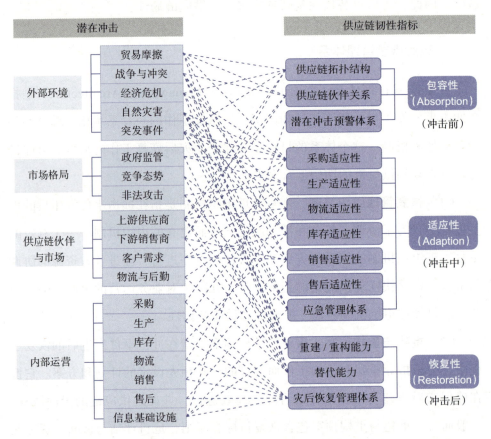

图 3-3　潜在冲击与供应链韧性指标的内在联系

具体而言，在战略维度上，本书强调了供应链的包容性，即系统在冲击来临前的预防与准备能力，以及对潜在威胁的容纳与吸收能力。这一维度的强弱直接关系到企业在面临冲击时，其核心功能能否持续稳定运行。在应急维度上，本书主要关注供应链的适应性，即冲击发生时企业的迅速响应与灵活调整能力。一个具有高度适应性的供应链，能够迅速调整策略，以使冲击所造成的负面影响最小化。在恢复维度上，本书强调了供应链的恢复性，即冲击过后企业如何高效恢复正常运营、修复受损环节，并从中学习以改进未来应对挑战的能力。

经过一系列深入且系统的分析与探索，本书构建了一个全面的供应链韧性评价指标体系，即 AAR 指标体系。这一体系旨在帮助企业更精准地识别、评估和增强其供应链的韧性，从而更好地应对各类潜在冲击。此外，我们还邀请了行业内的专家进行鉴别和补充，通过多次深入的研讨，最终确立了一个包含 3 个一级指标、13 个二级指标和 47 个三级指标的供应链韧性评价指标体系，如图 3-4 所示。

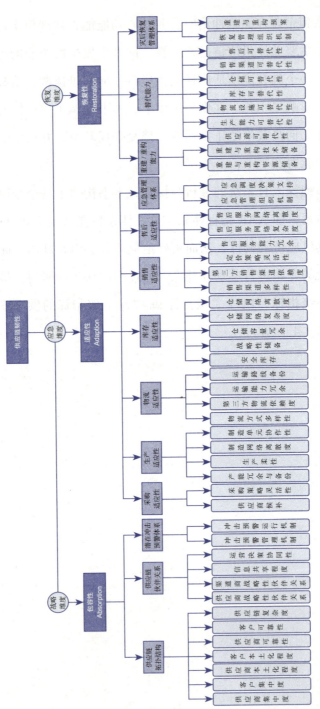

图 3-4 供应链韧性评价指标体系

| 第 4 章 |

供应链韧性评价与度量

影响供应链韧性的因素错综复杂,因此,为了更有效地进行评价,我们首先需要按照不同的层次对每一类指标进行详尽的综合评价。随后,再对这些评价结果进行类别间的高层次整合。为了实现这一目标,本书采用了综合评价法,以确保评价的准确性和全面性。

4.1 供应链韧性评价方法

4.1.1 综合评价法

综合评价法(Comprehensive Evaluation Method),也被称为多指标综合评价法,是将多层次、多维度的指标数据所反映的研究对象的状况进行综合,进而实现全面、整体评价的过程。其基本思想是将多个指标转化为一个能够反映综合情况的指标,以此来进行评价。这种评价方法在现实中有着广泛的应用,如评价不同国家经济实力、不同地区社会发展水平、企业经济效益等。一般而言，综合评价法的主要操作步骤如下。

（1）**构建综合评价指标体系**，即明确评价的目的和对象，确定评价的重点和范围。构建评价指标体系，包括确定评价的维度、指标和权重。指标应能够全面反映评价对象的特征和性能。本书基于冲击前、冲击中和冲击后的逻辑，构建了一个综合反映包容性、适应性和恢复性的供应链韧性评价指标体系。

（2）**数据收集**，即收集与评价指标相关的原始数据。另外，为了确保数据的真实性和可靠性，对收集到的数据进行预处理，包括数据清洗、数据转换（如无量纲化处理）等。

（3）**确定评价指标的权重**，即根据各指标在评价中的重要性，采用适当的方法确定各指标的权重。权重确定方法可以是主观赋权法（如专家打分法、层次分析法）或客观赋权法（如主成分分析法、熵权法）。本书采用层次分析法，按不同层次确定每类指标的权重。

（4）**综合评价值的计算**，即对于每个指标得分，要先进行无量纲化处理。由于不同指标的量纲（单位）可能不同，例如数量、比例、金额等，需要进行无量纲化处理，以消除量纲对评价结果的影响。常见的无量纲化处理方法包括标准化（如 Z-score 标准化）和归一化（如 Min-Max 归一化）等。本书采用 Min-Max 归一化方法。完成无量纲化处理后，结合各指标无量纲化后的数值及其对应的权重，计算每个企业在该指标上的具体得分。得分计算可以采用线性加权法、乘法合成法或其他综合评价方法。本书采用线性加权法。

（5）评价结果的排序和分析，即根据综合评价值对评价对象进行排序，确定评价对象的优劣顺序。然后，对评价结果进行分析、总结，并针对造成韧性薄弱的环节提出改进策略，进而提升供应链整体韧性。

4.1.2　层次分析法

层次分析法（Analytic Hierarchy Process，AHP）是 20 世纪 70 年代初由

美国运筹学家 Thomas L. Saaty 提出的一种决策分析方法，它结合了定性与定量的方法，特别适用于多目标复杂问题的决策分析。该方法将问题分解为不同的层次结构，包括目标层、准则层、方案层等，并通过对各层次因素的判断和分析，最终得出决策结果。目前，层次分析法已被广泛应用于复杂系统的分析、设计与决策的相关研究中。本书采用层次分析法来确定供应链韧性评价指标的权重，具体操作步骤如下。

（1）**建立评价指标体系**。将问题分解为不同的层次，如目标层、准则层、方案层等，并确定各层次之间的关系。本书将供应链韧性评价指标体系分为3层，即一级指标、二级指标和三级指标。

（2）**构造成对比较阵**。从层次结构模型的第2层开始，对于从属于（或影响）上一层每个因素的同一层诸因素，用成对比较法和 1～9 比较尺度构造成对比较矩阵，直到最下层。

（3）**计算权向量并做一致性检验**。对于每一个成对比较阵计算最大特征根及对应特征向量，利用一致性指标、随机一致性指标和一致性比率做一致性检验。若检验通过，则特征向量（归一化后）即为权向量；若不通过，则需重新构造成对比较矩阵。

（4）**计算组合权向量并做组合一致性检验**。根据前面的步骤计算出组合权向量，并进行组合一致性检验，以确保整个层次分析法的逻辑性和一致性。

4.2 评价指标度量方法

4.2.1 包容性评价指标度量方法

1. 供应链拓扑结构（A-S）

（1）**供应商集中度（A-S-1）**：可以使用关键物料供应商数量的加权平均值来测量。具体地，基于 ABC 分类法，识别出关键物料及其权重（α_k）；然

后，按照不同品类的重要程度计算这些物料供应商数量的加权平均值，公式为

$$AS_1 = \sum_{k=1}^{K} \alpha_k NS_k$$

式中，NS_k 是关键物料 k 的供应商数量。

（2）**客户集中度（A-S-2）**：可以使用关键产品客户数量的加权平均值来测量。具体地，通过 ABC 分类法，识别出关键产品及其权重（β_i）；然后，按照不同产品的重要程度计算这些产品客户数量的加权平均值，公式为

$$AS_2 = \sum_{i=1}^{N} \beta_i NC_i$$

式中，NC_i 是关键产品 i 的客户数量。

（3）**供应商本土化程度（A-S-3）**：可以使用关键物料供应商本土化率的加权平均值来测量。具体地，基于 ABC 分类法，识别出关键物料及其权重（α_k）；然后，按照不同品类的重要程度计算这些物料供应商本土化率的加权平均值，公式为

$$AS_3 = \sum_{k=1}^{K} \alpha_k NS_k$$

式中，NS_k 是关键物料 k 的供应商本土化率，即关键物料 k 的国内供应商数量与全部供应商数量的比值。

（4）**客户本土化程度（A-S-4）**：可以使用关键产品客户本土化率的加权平均值来测量。具体地，通过 ABC 分类法，识别出关键产品及其权重（β_i）；然后，按照不同产品的重要程度计算这些产品客户本土化率的加权平均值，公式为

$$AS_4 = \sum_{i=1}^{N} \beta_i NC_i$$

式中，NC_i 是关键产品 i 的客户本土化率，即关键产品 i 的国内客户数量与全部客户数量的比值。

（5）**供应商可靠性（A-S-5）**：可以使用关键物料供应商可靠性的加权平均值来测量。具体地，基于 ABC 分类法，识别出关键物料及其权重（α_k）；然后，按照不同品类的重要程度计算这些物料供应商可靠性的加权平均值，公式为

$$AS_5 = \sum_{k=1}^{K} \alpha_k (R1_k + R2_k + R3_k + R4_k + R5_k + R6_k)$$

式中，$R1_k$、$R2_k$、$R3_k$、$R4_k$、$R5_k$、$R6_k$ 分别表示归一化后的关键物料 k 的供应商的交货准时率（准时交货订单数量与全部订单数量的比值）、产品合格率（未出现质量问题的订单数量与全部订单数量的比值）、供应水平（供应商的最大生产能力与焦点企业零部件最大需求量的比值）、售后服务水平（售后响应速度的倒数）、价格稳定性（价格波动的倒数）、财务状况（资产负债率的倒数）。

（6）**客户可靠性（A-S-6）**：可以使用关键产品客户可靠性的加权平均值来测量。具体地，通过 ABC 分类法，识别出关键产品及其权重（β_i）；然后，按照不同产品的重要度计算这些产品客户可靠性的加权平均值，公式为

$$AS_6 = \sum_{i=1}^{N} \beta_i (R1_i + R2_i + R3_i + R4_i + R5_i + R6_i)$$

式中，$R1_i$、$R2_i$、$R3_i$、$R4_i$、$R5_i$、$R6_i$ 分别表示归一化后的关键产品 i 的客户的付款及时性（及时付款订单数量与全部订单数量的比值）、订单履行率（实际购买数量与订单数量的比值）、订单稳定性（订单数量波动的倒数）、市场份额（在客户所在的行业中，其占据的市场份额）、反馈与投诉（未投诉订单数量与全部订单数量的比值）、财务状况（资产负债率的倒数）。

（7）**供应链复杂度（A-S-7）**：可以使用关键零部件供应链长度的加权平

均值来测度。供应链长度指零部件 k 的前向供应链的链长，例如，零部件 k 共涉及三级供应商提供，那么零部件 k 的供应链长度为 3，公式为

$$\mathrm{AS}_7 = \sum_{k=1}^{K} \alpha_k D_k$$

式中，D_k 指零部件 k 的前向供应链的链长；α_k 为关键物料 k 的权重。

2. 供应链伙伴关系（A-P）

（1）**供应商战略性伙伴关系（A-P-1）**：可以使用战略性伙伴关系供应商的占比来测量，公式为

$$\mathrm{AP}_1 = \frac{\sum_{i=1}^{S} \mathrm{SPS}_i}{S}$$

式中，SPS_i 是指供应商 i 与所评估的企业之间是否建立了战略性伙伴关系，如果是，则取值为 1；否则，取值为 0。

（2）**渠道商战略性伙伴关系（A-P-2）**：可以使用战略性伙伴关系渠道商的占比来测量，公式为

$$\mathrm{AP}_2 = \frac{\sum_{i=1}^{W} \mathrm{SPW}_i}{W}$$

式中，SPW_i 是指渠道商 i 与所评估的企业之间是否建立了战略性伙伴关系，如果是，则取值为 1；否则，取值为 0。

（3）**信息共享程度（A-P-3）**：可以使用企业是否建立了数字化平台、是否采用区块链技术、是否实施数据共享、是否建立信息共享机制、是否采用可视化工具来衡量。

（4）**运营决策协同性（A-P-4）**：可以使用供应链合作伙伴参与联合经营计划的比例来衡量，公式为

$$AP_4 = \frac{\sum_{i=1}^{S} JVP_i}{S}$$

式中，JVP_i 是供应商 i 与所评估的企业之间是否实施了联合经营计划，如果是，则取值为 1；否则，取值为 0。

3. 潜在冲击预警体系（A-F）

（1）**冲击预警管理机制（A-F-1）**：可以用使用企业中是否建立了专门的冲击预警团队和流程来衡量。

（2）**冲击预警运行机制（A-F-2）**：可以使用企业是否建立了数据驱动的预警系统来测量。

4.2.2 适应性评价指标度量方法

1. 采购适应性（D-O）

（1）**供应商候补（D-O-1）**：可以使用关键物料候补供应商数量的加权平均值来度量。具体地，基于 ABC 分类法，识别出关键物料及其权重（α_k）；然后，按照不同品类的重要程度计算这些物料候补供应商数量的加权平均值，公式为

$$DO_1 = \sum_{k=1}^{K} \alpha_k AN_k$$

式中，AN_k 表示关键物料 k 的候补供应商数量。

（2）**采购策略灵活性（D-O-2）**：可以综合使用采购周期和交货期的可调整性（F_1，是否允许根据实际需求调整采购周期和交货期）、采购合同条款灵活性（F_2，采购合同中的条款是否能够适应市场变化和需求变动）、采购方式和工具的多样性（F_3，是否能够根据不同情况和需求选择合适的采购方式和

工具。例如，电子采购平台、竞价采购、统一采购等）来衡量，公式为

$$DO_2 = F_1 + F_2 + F_3$$

2. 生产适应性（D-P）

（1）产能冗余与备份（D-P-1）：可以使用生产能力利用量（PC_u）与全部生产能力（PC_a）的比值来衡量，公式为

$$DP_1 = \frac{PC_u}{PC_a} \times 100\%$$

（2）生产柔性（D-P-2）：可以使用企业现有生产线能够生产的产品种类数量与切换产品种类的成本的比值来衡量，公式为

$$DP_2 = \sum_i \frac{PN_i}{PC_i}$$

式中，PN_i 是生产线 i 能够生产的产品种类数量；PC_i 是生产线 i 生产不同种类的产品切换成本的平均值。

（3）制造网络离散度（D-P-3）：可以使用生产基地的地理分布特征来衡量。本书综合使用分类异质性测量指标（Borgatti 等，2009；Gualandris 等，2021）和复杂网络平均路径长度来计算，公式为

$$DP_3 = \lambda \left(1 - \sum_k PG_k^2\right) + (1-\lambda) \frac{\sum_{i \geq j} d_{ij}}{2N(N-1)}$$

式中，λ 是分类异质性测量指标的重要程度；PG_k 是生产基地属于地区（如省份）k 的比例；d_{ij} 是生产基地 i 与生产基地 j 的距离；N 是生产基地的数量。

（4）制造单元协作性（D-P-4）：可以使用制造单元（如生产基地）自动化水平的平均值来衡量，公式为

$$DP_4 = \frac{\sum_i AU_i}{N}$$

式中，AU_i 为制造单元 i 的自动化水平。

3. 物流适应性（D-L）

（1）**物流方式多样性（D-L-1）**：可以使用运输方式（如陆运、海运、空运）多样性来衡量，公式为

$$DL_1 = 1 - \sum_i T_i^2$$

式中，T_i 是运输方式 i 承担的运输量占全部运输需求量的比重。

（2）**第三方物流依赖度（D-L-2）**：可以使用自有物流占比衡量，公式为

$$DL_2 = \frac{TC_o}{TC_a}$$

式中，TC_o 为自有物流每年的运输量；TC_a 为每年的运输需求量。

（3）**运输能力冗余（D-L-3）**：可以使用全部运输设备的年运输量（TC_s）与年运输需求量（TC_a）的比值来测量，公式为

$$DL_3 = \frac{TC_s}{TC_a}$$

（4）**运输线路备份（D-L-4）**：可以使用与关键合作伙伴（供应商和客户）之间备用运输线路数量的加权平均值来衡量，公式为

$$DL_4 = \sum_{s=1}^{S} \partial_s TN_s + \sum_{w=1}^{W} \delta_w TN_w$$

式中，∂_s 为供应商 s 的权重；TN_s 是企业与供应商 s 之间备用线路的数量；δ_w 为客户 w 的权重；TN_w 是企业与客户 w 之间备用线路的数量。

4. 库存适应性（D-I）

（1）**安全库存（D-I-1）**：可以使用关键物料安全库存的加权平均值来衡量。具体地，通过 ABC 分类法识别物料的重要性，并将其定义为物料的权

重 α_k，并根据不同物料的重要性计算所有物料战略性库存量的加权平均值，公式为

$$DI_1 = \sum_{k=1}^{K} \alpha_k \frac{SS_k}{D_k}$$

式中，SS_k 是企业对物料 k 设置的安全库存数量；D_k 是物料 k 的年需求量。二者的比值反映了物料 k 的安全库存量。

（2）**战略性存储（D-I-2）**：可以使用关键物料战略性库存量的加权平均值来衡量。具体地，通过 ABC 分类法识别物料的重要性，并将其定义为物料的权重 α_k，并根据不同物料的重要性计算所有物料战略性库存量的加权平均值，公式为

$$DI_2 = \sum_{k=1}^{K} \alpha_k \frac{SI_k}{D_k}$$

式中，SI_k 是企业中物料 k 的战略性库存数量；D_k 是物料 k 的年需求量。二者的比值反映了物料 k 的战略性库存量。

（3）**仓储容量冗余（D-I-3）**：可以使用仓储中心总容量（SC_a）与仓储中心使用量（SC_u）的比值来测量，公式为

$$DI_3 = \frac{SC_a}{SC_u}$$

（4）**仓储网络复杂度（D-I-4）**：可以综合使用关键物料和关键产品所储存的仓储中心数量的加权平均值来度量，公式为

$$DI_4 = \sum_{k=1}^{K} \alpha_k NSC_k + \sum_{i=1}^{N} \beta_i NSC_i$$

式中，α_k 表示关键物料 k 的重要度；NSC_k 代表关键物料 k 存放的仓储中心的数量。类似地，β_i 表示关键产品 i 的重要度；NSC_i 代表关键产品 i 存放的仓储中心的数量。

（5）**仓储网络离散度（D-I-5）**：可以使用仓储中心的地理分布来衡量本书综合使用分类异质性测量指标和复杂网络平均路径长度来计算，公式为

$$DI_5 = \lambda(1 - \sum_k MG_k^2) + (1-\lambda)\frac{\sum_{i \geq j} d_{ij}}{2N(N-1)}$$

式中，λ 代表分类异质性测量指标的重要度；MG_k 是仓储中心属于地区（如省份）k 的比例；d_{ij} 是仓储中心 i 与仓储中心 j 的距离；N 为仓储中心的数量。

5. 销售适应性（D-D）

（1）**销售渠道多样性（D-D-1）**：可以通过分类异质性测量，公式为

$$DD_1 = 1 - \sum_h D_h^2$$

式中，D_h 是销售渠道 h 的销售额占全部销售额的比例。

（2）**第三方销售渠道依赖度（D-D-2）**：可以使用自有销售渠道的销售额（DC_o）占全部销售额（DC_a）的比例来衡量，公式为

$$DD_2 = \frac{DC_o}{DC_a} \times 100\%$$

（3）**定价策略灵活性（D-D-3）**：可以综合使用定价决策自主权（PF_1，企业能够自主定价的产品比重）、价格调整速度（PF_2）、促销和折扣策略多样性（PF_3，是否可以根据不同的市场环境和销售目标，采取多样化的促销和折扣策略，例如，可以根据季节性需求、库存情况或竞争对手的动向，灵活调整折扣力度和促销方式）来度量，公式为

$$DD_3 = PF_1 + PF_2 + PF_3$$

6. 售后适应性（D-S）

（1）**售后服务能力冗余（D-S-1）**：可以使用售后服务能力的年度总量

（AS_a）与售后服务年度使用量（AS_u）的比值来测量，公式为

$$DS_1 = \frac{AS_a}{AS_u}$$

（2）**售后服务网络复杂度（D-S-2）**：可以使用售后服务网点的数量（ANS）来衡量。

（3）**售后服务网络离散度（D-S-3）**：可以使用售后服务网点的地理分布来衡量。本书综合使用分类异质性测量指标（Borgatti 等，2009；Gualandris 等，2021）和复杂网络平均路径长度来计算，公式为

$$DS_3 = \lambda(1-\sum_k SG_k^2) + (1-\lambda)\frac{\sum_{i \geq j} d_{ij}}{2N(N-1)}$$

式中，λ 是分类异质性测量指标的重要度；SG_k 是服务网点属于地区（如省份）k 的比例；d_{ij} 是服务网点 i 与服务网点 j 的距离；N 为服务网点的数量。

7. 应急管理体系（D-E）

（1）**应急管理组织机制（D-E-1）**：可以使用企业中是否建立了专门的应急管理团队和流程来测量。

（2）**应急管理决策支持（D-E-2）**：可以使用企业建立的应急预案数量来衡量其应急预案建设水平。

4.2.3 恢复性评价指标度量方法

1. 重建/重构能力（R-R）

（1）**重建与重构资源储备（R-R-1）**：可以用企业为重构与重建设立的专项资金占企业营业收入的比重来衡量。

（2）**重建与重构技术储备（R-R-2）**：可以综合使用技术储备数量与质量、技术研发投入、技术转化能力以及技术合作伙伴与生态系统等因素来衡量。

2. 替代能力（R-S）

（1）**供应商可替代性（R-S-1）**：可以使用国产替代性来衡量。具体地，通常可以综合使用关键物料的国内企业的产能、产业体系、技术创新度、认证认可来衡量，公式为

$$RS_1 = PC + IS + TI + CA$$

式中，国内企业的产能（PC）是指国内企业生产的产品和零部件数量与整个市场需求的比例；产业体系（IS）是指国内产业体系是否完善、零部件是否自主可控；技术创新度（TI）是指国内企业在该领域申请的专利数量、科研投入比例；认证认可（CA）是指国内企业在该领域获得的国际认可数量。

（2）**生产能力可替代性（R-S-2）**：可以综合使用生产设备通用性（PS_1，生产线上设备是否具备通用性，是否能够适应多种产品规格和生产需求）、生产流程灵活性（PS_2，生产线是否能够快速调整生产流程以适应不同产品的制造）、技术人员技能多样性（PS_3，技术人员的技能水平和多样性）来衡量，公式为

$$RS_2 = PS_1 + PS_2 + PS_3$$

（3）**物流设施可替代性（R-S-3）**：可以综合使用物流设施通用性（LS_1，物流设施是否适用于不同类型的货物和运输方式）和设备与技术的互操作性（LS_2，物流设施中的设备和技术是否具有互操作性）来衡量，公式为

$$RS_3 = LS_1 + LS_2$$

（4）**库存可替代性（R-S-4）**：可以使用库存中物料的相互替代性来衡量，即关键物料通用性（V_k）的加权平均值。具体地，基于ABC分类法，识别出关键物料及其权重（α_k）；然后，按照不同品类的重要程度计算这些物料供应可靠性的加权平均值，公式为

$$RS_4 = \sum_{k=1}^{K} \alpha_k V_k$$

（5）**仓储可替代性（R-S-5）**：可以使用仓库设施通用性来衡量，即仓库设施是否适应不同种类的货物存储需求。

（6）**销售渠道可替代性（R-S-6）**：可以使用企业在不同销售渠道之间切换的灵活性来衡量。

（7）**售后可替代性（R-S-7）**：可以综合使用售后所需关键零部件的通用性（VS_k）的加权平均值以及维修中心的可复用性（RU_i）来衡量，公式为

$$RS_7 = \sum_{k=1}^{N} \alpha_k VS_k + \frac{\sum_{i} RU_i}{ANS}$$

式中，α_k 为关键物料 k 的重要度。

3. 灾后恢复管理体系（R-M）

（1）**恢复管理组织机制（R-M-1）**：可以使用企业中是否建立了专门的恢复管理团队和流程来测量。

（2）**重建与重构预案（R-M-2）**：可以根据企业内是否根据潜在的冲击制订了完善的恢复计划来衡量，包括恢复的时间表、责任人、资源分配、流程等，以及能否确保关键业务的连续性，包括备份数据、维护设备、提供必要的服务等。

供应链韧性评价指标度量方法如表 4-1 所示。

表 4-1 供应链韧性评价指标度量方法

序号	一级指标	二级指标	三级指标	度量方法	影响方向
1	包容性(A)	供应链拓扑结构(A-S)	供应商集中度 (A-S-1)	关键物料供应商数量的加权平均值	正向影响
2			客户集中度 (A-S-2)	关键产品客户数量的加权平均值	正向影响
3			供应商本土化程度 (A-S-3)	国内供应商占总体供应商的比重	正向影响
4			客户本土化程度 (A-S-4)	国内客户占总体客户的比重	正向影响
5			供应商可靠性 (A-S-5)	关键物料供应商可靠性的加权平均值	正向影响
6			客户可靠性 (A-S-6)	关键产品客户可靠性的加权平均值	正向影响
7			供应链复杂度 (A-S-7)	关键物料前向供应链长度的加权平均值的倒数	正向影响
8		供应伙伴关系(A-P)	供应商战略伙伴关系 (A-P-1)	战略性伙伴关系供应商的占比	正向影响
9			渠道商战略伙伴关系 (A-P-2)	战略性伙伴关系渠道商的占比	正向影响
10			信息共享程度 (A-P-3)	是否建立数字化平台、采用区块链技术、实施数据共享、建立信息共享机制、采用可视化工具	正向影响
11			运营决策协同性 (A-P-4)	采用联合经营计划的供应商占比	正向影响
12		潜在冲击预警体系(A-F)	冲击预警管理机制 (A-F-1)	是否建立了专门的冲击预警管理团队和流程	正向影响
13			冲击预警运行机制 (A-F-2)	是否建立了数据驱动的预警系统	正向影响
14	适应性(D)	采购适应性(D-O)	供应商候补 (D-O-1)	关键物料候补供应商数量和交货期的加权平均值	正向影响
15			采购策略灵活性 (D-O-2)	综合使用补采购周期和工具多样性、采购合同条款灵活性、采购方式和工具多样性来衡量	正向影响
16		生产适应性(D-P)	产能冗余与备份 (D-P-1)	生产线产能利用率的倒数	正向影响
17			生产柔性 (D-P-2)	生产线能够生产的产品种类数量与生产线生产不同产品的切换成本的比值	正向影响
18			制造网络离散度 (D-P-3)	生产基地地理分布的离散化程度、综合使用分类异质性度量指标和复杂网络平均路径长度来衡量	正向影响
19			制造单元协同性 (D-P-4)	制造单元的自动化生产水平的平均值	正向影响

(续)

序号	一级指标	二级指标	三级指标	度量方法	影响方向
20	适应性 (D)	物流适应性 (D-L)	运输方式多样性 (D-L-1)	不同运输方式（即陆运、海运、空运）的均衡程度	正向影响
21			第三方物流依赖度 (D-L-2)	自有物流的占比	正向影响
22			运输能力冗余 (D-L-3)	物流资源利用率的倒数	正向影响
23			运输线路备份 (D-L-4)	与供应链合作伙伴之间备用运输线路数量的加权平均值	正向影响
24		库存适应性 (D-I)	安全库存 (D-I-1)	为了防止个体或局部的需求不确定性等因素而准备的缓冲库存，使用关键物料安全库存而持有的加权平均值来度量	正向影响
25			战略性储备 (D-I-2)	为整个供应链系统的稳定运行而持有的超出正常需要的库存冗余。使用关键应急储备的战略性储备的加权平均值来度量	正向影响
26			仓储容量冗余 (D-I-3)	仓储中心利用率的倒数	正向影响
27			仓储网络复杂度 (D-I-4)	关键物料储存的仓储中心数量的加权平均值，以及关键产品储存的仓储性设备的加权平均值	正向影响
28			仓储网络离散度 (D-I-5)	仓储中心地理分布的离散化程度，综合使用分类异质性指标和复杂销售渠道平均路径长度来度量	正向影响
29		销售适应性 (D-C)	销售渠道多样性 (D-C-1)	关键产品的销售渠道的多样性	正向影响
30			第三方销售渠道依赖度 (D-C-2)	直销占比	正向影响
31			定价策略灵活性 (D-C-3)	综合使用定价决策自主权、价格调整速度、促销和折扣策略多样性来衡量	正向影响
32		售后适应性 (D-S)	售后服务能力冗余 (D-S-1)	售后服务能力利用率的倒数	正向影响
33			售后服务网络复杂度 (D-S-2)	售后服务网点的数量	正向影响
34			售后服务网络离散度 (D-S-3)	售后服务网点地理分布的离散化程度，综合使用分类异质性测量指标和复杂网络平均路径长度来度量	正向影响
35		应急管理体系 (D-E)	应急管理组织机制 (D-E-1)	是否建立了专门的应急响应团队和流程	正向影响
36			应急调度决策支持 (D-E-2)	是否建立了完善的应急预案	正向影响

37	恢复性 (R)	重建/重构能力 (R-R)	重建与重构资源储备 (R-R-1)	用于重建与重构的专项资金与营业收入的比值	正向影响
38			重建与重构技术储备 (R-R-2)	用于重建与重构的国产替代资源储备	正向影响
39		替代能力 (R-A)	供应商可替代性 (R-A-1)	关键物料的国产替代性	正向影响
40			生产能力可替代性 (R-A-2)	关键物料的生产能力是否自主可控	正向影响
41			物流设施可替代性 (R-A-3)	综合使用物流设施通用性、物流设备与技术的互操作性来衡量	正向影响
42			库存可替代性 (R-A-4)	关键物料通用性的加权平均值	正向影响
43			仓储可替代性 (R-A-5)	仓储设施的通用性	正向影响
44			销售渠道可替代性 (R-A-6)	企业在不同销售渠道之间切换的灵活性	正向影响
45			售后可替代性 (R-A-7)	综合使用售后所需关键物料通用性的加权平均值、维修中心的可复用性来衡量	正向影响
46		灾后恢复管理体系 (R-M)	恢复管理组织机制 (R-M-1)	是否建立了相应的恢复管理团队和流程	正向影响
47			重建与重构预案 (R-M-2)	是否根据潜在的冲击制订了完善的恢复计划	正向影响

第 5 章
供应链韧性试验性评价

基于前文构建的供应链韧性评价指标体系，本书选取了三家目标企业进行供应链韧性的试验性评价。这一实践过程旨在验证指标体系的合理性与可操作性，并深入探索各企业在真实运营环境中供应链韧性的表现，进而为其提供有针对性的改进建议，以增强其供应链韧性。

5.1 供应链韧性评价指标权重

本书采用层次分析法对供应链韧性的各项指标权重进行确定，主要分为两步：第一，设计问卷内容与确定调查对象，进行问卷发放；第二，回收并筛选有效问卷，将数据通过归一化换算为 [0,1] 区间内的数值，进而算出各指标的权重。其中，在权重确定过程中，调查问卷的发放对象为供应链领域的专家学者、联想供应链管理的从业人员。确定供应链韧性评价指标权重的主要过程如下。

①向供应链管理领域的专家学者、联想供应链管理的从业人员发送调查问卷,并进行权重填写说明和指标定义说明。

②收回并对有效问卷进行筛选,通过 SPSSPRO 软件对有效问卷中的标度结果进行一致性检验,保留符合一致性的项目,同时将符合项的数据输入 SPSSPRO 软件中进行计算。

③将各个层级的各项指标的运算结果求得平均值,进而确定各项指标的最终权重值。

按照以上过程,首先确定了一级指标的权重,如表 5-1 所示。由此可见,恢复性被视为供应链韧性最重要的影响因素,其次为适应性,最后是包容性。这一发现与以往学者在供应链韧性定义中强调恢复性的观点不谋而合,进一步印证了恢复性在供应链韧性中的核心地位。

表 5-1 供应链韧性一级指标权重

一级指标	权重(%)	排名
包容性（A）	22.02%	3
适应性（D）	27.70%	2
恢复性（R）	50.28%	1

5.1.1 包容性维度

包容性指标的权重如表 5-2 所示。其中,潜在冲击预警体系被视为最重要的影响因素,其权重高达 45.81%,凸显了其在构建包容性供应链过程中的核心地位。紧随其后的是供应链拓扑结构,权重为 38.00%。供应链拓扑结构体现了供应链网络中各节点之间的连接方式和关系,对于供应链的包容性具有重要影响。一个合理且稳健的供应链拓扑结构能够更好地应对各种不确定性和变化,进而增强供应链的包容性。供应链伙伴关系在包容性评价指标体系中也占据一定的权重,为 16.19%。良好的供应链伙伴关系能够促进信息共享、风险共担和协同创新,从而提升供应链的整体包容性。尽管与潜在冲击预警体系和供应链拓扑结构相比，其权重相对较小，但仍然是构建包容性供应链时不可忽视的重要因素。

表 5-2　包容性指标权重

二级指标	权重	三级指标	权重
供应链拓扑结构（A-S）	38.00%	供应商集中度（A-S-1）	18.86%
		客户集中度（A-S-2）	12.79%
		供应商本土化程度（A-S-3）	16.17%
		客户本土化程度（A-S-4）	9.17%
		供应商可靠性（A-S-5）	12.66%
		客户可靠性（A-S-6）	6.79%
		供应链复杂度（A-S-7）	23.56%
供应链伙伴关系（A-P）	16.19%	供应商战略性伙伴关系（A-P-1）	34.62%
		渠道商战略性伙伴关系（A-P-2）	19.45%
		信息共享程度（A-P-3）	27.21%
		运营决策协同性（A-P-4）	18.72%
潜在冲击预警体系（A-F）	45.81%	冲击预警管理机制（A-F-1）	31.25%
		冲击预警运行机制（A-F-2）	68.75%

5.1.2　适应性维度

适应性指标的权重如表 5-3 所示。从表中可以看出，生产运营各环节表现出的适应性权重差异相对较小，这表明在构建适应性供应链时，各个环节的适应性都需要被充分考虑和重视。其中，采购适应性被认为是最重要的影响因素，其权重比例相对较高，达到了 26.17%。采购作为供应链的重要环节，其适应性直接关系到企业能否及时、有效地获取所需物资，从而保障生产的顺利进行。因此，在构建适应性供应链时，提升采购适应性是至关重要的。紧随其后的是生产适应性，其权重为 17.22%。生产适应性反映了企业在面对市场需求变化时，能否快速调整生产计划、改变生产流程以应对变化的能力。一个具备良好生产适应性的企业能够更好地满足市场需求，具有更强的竞争力。接下来依次为应急管理体系、物流适应性、库存适应性、销售适应性、售后适应性，虽然权重相对较小，但同样不容忽视。它反映了企业在售后服务环节能否及时响应客户需求、提供满意的服务体验的能力。一个具备良好售后适应性的企业能够更好地维护客户关系,提升客户满意度和忠诚度。

表 5-3 适应性指标权重

二级指标	权重	三级指标	权重
采购适应性(D-O)	26.17%	供应商候补(D-O-1)	44.44%
		采购策略灵活性(D-O-2)	55.56%
生产适应性(D-P)	17.22%	产能冗余与备份(D-P-1)	8.78%
		生产柔性(D-P-2)	26.45%
		制造网络离散度(D-P-3)	35.11%
		制造单元协同性(D-P-4)	29.66%
物流适应性(D-L)	14.82%	运输方式多样性(D-L-1)	48.52%
		第三方物流依赖度(D-L-2)	17.94%
		运输能力冗余(D-L-3)	14.75%
		运输线路备份(D-L-4)	18.79%
库存适应性(D-I)	11.28%	安全库存(D-I-1)	26.39%
		战略性储备(D-I-2)	21.08%
		仓储容量冗余(D-I-3)	12.69%
		仓储网络复杂度(D-I-4)	16.27%
		仓储网络离散度(D-I-5)	23.57%
销售适应性(D-C)	9.21%	销售渠道多样性(D-C-1)	38.77%
		第三方销售渠道依赖度(D-C-2)	24.98%
		定价策略灵活性(D-C-3)	36.25%
售后适应性(D-S)	5.77%	售后服务能力冗余(D-S-1)	41.19%
		售后服务网络复杂度(D-S-2)	33.19%
		售后服务网络离散度(D-S-3)	25.62%
应急管理体系(D-E)	15.53%	应急管理组织机制(D-E-1)	33.33%
		应急调度决策支持(D-E-2)	66.67%

5.1.3 恢复性维度

恢复性指标的权重如表 5-4 所示。其中,重建/重构能力被视为最重要的影响因素,其权重高达 42.50%。这一能力对于企业在面临灾害或重大中断后,能否迅速重建或重构供应链并恢复正常运营至关重要。具备强大重建/重构能力的企业能够在灾后迅速恢复生产,有效减少损失,并保持供应链的连续性和稳定性。紧随其后的是替代能力，其权重为36.30%。替代能力反映了企业在供应链中断时，能否及时找到替代供应商、替代生产线或替代物流方案，以确保供应链的持续运行。一个具备良好替代能力的企业能够在面临突发事件时迅速调整供应链策略，降低风险，从而保持业务的连续性。最后是灾后恢复管理体系，尽管其权重仅为21.20%，但其重要性同样不可忽视。灾后恢复管理体系是企业为了应对灾害或重大中断而建立的一套完整的管理体系，涵盖了预案制定、资源调配、沟通协调等各个方面。一个完善的灾后恢复管理体系能够帮助企业在灾后迅速恢复秩序，减少混乱和损失，并显著提升整体恢复效率。

表 5-4 恢复性指标权重

二级指标	权重	三级指标	权重
重建/重构能力（R-R）	42.50%	重建与重构资源储备（R-R-1）	38.89%
		重建与重构技术储备（R-R-2）	61.11%
替代能力（R-A）	36.30%	供应商可替代性（R-A-1）	25.39%
		生产能力可替代性（R-A-2）	22.67%
		物流设施可替代性（R-A-3）	15.15%
		库存可替代性（R-A-4）	12.97%
		仓储可替代性（R-A-5）	11.08%
		销售渠道可替代性（R-A-6）	6.22%
		售后可替代性（R-A-7）	6.52%
灾后恢复管理体系（R-M）	21.20%	恢复管理组织体制（R-M-1）	66.13%
		重建与重构预案（R-M-2）	33.87%

5.1.4　供应链韧性评价指标体系的全局权重

通过上述分析，本书获得了供应链韧性评价指标体系的全局权重及其重要性排序，如表5-5所示。由此见得，影响ICT供应链韧性最重要的指标为重建与重构技术储备，即用于重建与重构的技术资源储备，通常包括各种相关技术专利、知识产权、技术合作与联盟等。该指标不仅对于确保企业在面对冲击过程中技术的连续性和稳定性有重要意义，还能够强有力地支持企业的创新发展。

表 5-5 供应链韧性评价指标全局权重及其重要性排序

序号	一级指标	全局权重	二级指标	局部权重	全局权重	三级指标	局部权重	全局权重	重要性排序
1	包容性 (A)	22.02%	供应链拓扑结构 (A-S)	38%	8.37%	供应商集中度 (A-S-1)	18.86%	1.58%	18
2						客户集中度 (A-S-2)	12.79%	1.07%	26
3						供应商本土化程度 (A-S-3)	16.17%	1.35%	21
4						客户本土化程度 (A-S-4)	9.17%	0.76%	33
5						供应商可靠性 (A-S-5)	12.66%	1.06%	27
6						客户可靠性 (A-S-6)	6.79%	0.57%	42
7						供应链复杂度 (A-S-7)	23.56%	1.97%	16
8			供应链伙伴关系 (A-P)	16.19%	3.57%	供应商战略伙伴关系 (A-P-1)	34.62%	1.23%	23
9						渠道商战略伙伴关系 (A-P-2)	19.45%	0.69%	36
10						信息共享程度 (A-P-3)	27.21%	0.97%	29
11						运营决策协同性 (A-P-4)	18.72%	0.67%	37
12			潜在冲击预警体系 (A-F)	45.81%	10.09%	冲击预警管理机制 (A-F-1)	31.25%	3.15%	10
13						冲击预警运行机制 (A-F-2)	68.75%	6.94%	4
14	适应性 (D)	27.7%	采购适应性 (D-O)	26.17%	7.25%	供应商候补 (D-O-1)	44.44%	3.22%	9
15						采购策略灵活性 (D-O-2)	55.56%	4.03%	7
16			生产适应性 (D-P)	17.22%	4.77%	产能冗余与备份 (D-P-1)	8.78%	0.42%	45
17						生产柔性 (D-P-2)	26.45%	1.26%	22
18						制造网络离散度 (D-P-3)	35.11%	1.67%	17
19						制造单元协同性 (D-P-4)	29.66%	1.41%	20
20			物流适应性 (D-L)	14.82%	4.11%	运输方式多样性 (D-L-1)	48.52%	1.99%	15
21						第三方物流依赖度 (D-L-2)	17.94%	0.74%	34
22						运输能力冗余 (D-L-3)	14.75%	0.61%	41
23						运输线路备份 (D-L-4)	18.79%	0.77%	32

(续)

序号	一级指标	全局权重	二级指标	局部权重	全局权重	三级指标	局部权重	全局权重	重要性排序
24	适应性（D）	27.7%	库存适应性（D-I）	11.28%	3.12%	安全库存（D-I-1）	26.39%	0.82%	31
25						战略性储备（D-I-2）	21.08%	0.66%	38
26						仓储容量冗余（D-I-3）	12.69%	0.40%	47
27						仓储网络复杂度（D-I-4）	16.27%	0.51%	44
28						仓储网络离散度（D-I-5）	23.57%	0.74%	35
29			销售适应性（D-C）	9.21%	2.55%	销售渠道多样性（D-C-1）	38.77%	0.99%	28
30						第三方销售渠道依赖度（D-C-2）	24.98%	0.64%	40
31						定价策略灵活性（D-C-3）	36.25%	0.92%	30
32			售后适应性（D-S）	5.77%	1.60%	售后服务能力冗余（D-S-1）	41.19%	0.66%	39
33						售后服务网络复杂度（D-S-2）	33.19%	0.53%	43
34						售后服务网络离散度（D-S-3）	25.62%	0.41%	46
35			应急管理体系（D-E）	15.53%	4.30%	应急管理组织机制（D-E-1）	33.33%	1.43%	19
36						应急调度决策支持（D-E-2）	66.67%	2.87%	11
37	恢复性（R）	50.28%	重建/重构能力（R-R）	42.5%	21.37%	重建与重构资源储备（R-R-1）	38.89%	8.31%	2
38						重建与重构技术储备（R-R-2）	61.11%	13.06%	1
39			替代能力（R-A）	36.3%	18.25%	供应商可替代性（R-A-1）	25.39%	4.63%	5
40						生产能力可替代性（R-A-2）	22.67%	4.14%	6
41						物流设施可替代性（R-A-3）	15.15%	2.77%	12
42						库存可替代性（R-A-4）	12.97%	2.37%	13
43						仓储可替代性（R-A-5）	11.08%	2.02%	14
44						销售渠道可替代性（R-A-6）	6.22%	1.14%	25
45						售后可替代性（R-A-7）	6.52%	1.19%	24
46			灾后恢复管理体系（R-M）	21.2%	10.65%	恢复管理组织机制（R-M-1）	66.13%	7.05%	3
47						重建与重构预案（R-M-2）	33.87%	3.60%	8

第二重要的指标为重建与重构资源储备，即用于重建与重构的专项资金储备。该指标由资金储备、人力资源储备、供应链资源储备等构成。重建与重构资源储备是否充足，对企业在面对变革时的应对能力与成效会产生最直接的影响。

第三重要的指标为恢复管理组织机制，即是否建立了相应的恢复管理团队和流程。一个高效的恢复管理组织体系能够确保灾后恢复工作的顺利开展，促进各方资源的有效协调与整合，从而加速供应链恢复正常运作，并最大限度地减少对业务运营的不利影响。因此，建立这样的恢复管理组织体系可以显著增强供应链的韧性。

第四重要的指标为冲击预警运行机制，即是否建立了数据驱动的预警系统。该系统通常由一系列算法、模型和分析工具构成，能够从供应链的各个节点收集数据，并借助机器学习和数据分析技术，对供应链的运行状况进行实时监测和评估。这样的预警机制可以及时发现潜在风险，为决策提供支持，确保供应链的稳定性和响应速度。

第五重要的指标为供应商可替代性，即关键物料的国产替代性。在企业长期运营中，具备选择和使用多个供应商的能力至关重要。这确保了当某个供应商出现问题或无法继续提供产品或服务时，能够迅速切换到其他可替代的供应商。与候补供应商不同，可替代供应商指的是市场上所有能提供企业所需物流的供应商，其可获得性通常取决于市场特征，例如在垄断性市场中，供应商的可替代性较低。供应商可替代性对于企业的运营和风险管理非常重要，它帮助企业确保在供应中断后，能够迅速恢复并维持业务连续性。

5.2 供应链韧性评价指标测算结果

为了计算三个目标企业供应链韧性评价指标的得分。首先，收集所有参与评价企业的相关数据，包括供应商、客户、生产网络等。对收集到的数据进行清洗和整理，以确保数据的准确性和一致性。其次，计算每一个三级指标的得分并针对负向指标（供应商集中度、客户集中度、供应链复杂度和第三方物流依赖度）进行正向化处理。本书采用 Min-Max 归一化方法进行无量纲化处理。

针对每一个三级指标的计算结果见表 5-6。

表 5-6 参评企业三级指标得分

序号	三级指标	企业 A 得分	企业 B 得分	企业 C 得分
1	供应商集中度（A-S-1）	87.62	100.00	0.00
2	客户集中度（A-S-2）	32.79	0.00	100.00
3	供应商本土化程度（A-S-3）	0.00	33.33	100.00
4	客户本土化程度（A-S-4）	0.00	33.33	100.00
5	供应商可靠性（A-S-5）	100.00	66.67	0.00
6	客户可靠性（A-S-6）	33.33	100.00	0.00
7	供应链复杂度（A-S-7）	45.31	0.00	100.00
8	供应商战略性伙伴关系（A-P-1）	16.67	0.00	100.00
9	渠道商战略性伙伴关系（A-P-2）	100.00	0.00	100.00
10	信息共享程度（A-P-3）	100.00	100.00	100.00
11	运营决策协同性（A-P-4）	44.44	0.00	100.00
12	冲击预警管理机制（A-F-1）	100.00	100.00	0.00
13	冲击预警运行机制（A-F-2）	100.00	100.00	0.00
14	供应商候补（D-O-1）	0.00	100.00	35.71
15	采购策略灵活性（D-O-2）	100.00	85.71	0.00
16	产能冗余与备份（D-P-1）	100.00	0.00	18.18
17	生产柔性（D-P-2）	100.00	71.79	0.00
18	制造网络离散度（D-P-3）	60.00	100.00	0.00
19	制造单元协同性（D-P-4）	100.00	57.14	0.00
20	运输方式多样性（D-L-1）	26.67	0.00	100.00
21	第三方物流依赖度（D-L-2）	0.00	4.00	100.00
22	运输能力冗余（D-L-3）	52.97	100.00	0.00
23	运输线路备份（D-L-4）	100.00	0.00	50.00
24	安全库存（D-I-1）	100.00	0.00	20.00
25	战略性储备（D-I-2）	100.00	14.29	0.00
26	仓储容量冗余（D-I-3）	0.00	100.00	50.00
27	仓储网络复杂度（D-I-4）	0.00	36.67	100.00

（续）

序号	三级指标	企业 A 得分	企业 B 得分	企业 C 得分
28	仓储网络离散度（D-I-5）	0.00	50.00	100.00
29	销售渠道多样性（D-C-1）	100.00	56.00	0.00
30	第三方销售渠道依赖度（D-C-2）	0.00	100.00	16.67
31	定价策略灵活性（D-C-3）	0.00	100.00	34.21
32	售后服务能力冗余（D-S-1）	39.29	100.00	0.00
33	售后服务网络复杂度（D-S-2）	100.00	0.00	15.49
34	售后服务网络离散度（D-S-3）	0.00	100.00	19.23
35	应急管理组织机制（D-E-1）	100.00	100.00	100.00
36	应急调度决策支持（D-E-2）	100.00	100.00	100.00
37	重建与重构资源储备（R-R-1）	100.00	0.00	0.00
38	重建与重构技术储备（R-R-2）	100.00	37.50	0.00
39	供应商可替代性（R-A-1）	0.00	50.00	100.00
40	生产能力可替代性（R-A-2）	0.00	50.00	100.00
41	物流设施可替代性（R-A-3）	58.06	0.00	100.00
42	库存可替代性（R-A-4）	0.00	66.67	100.00
43	仓储可替代性（R-A-5）	100.00	0.00	77.78
44	销售渠道可替代性（R-A-6）	0.00	100.00	83.33
45	售后可替代性（R-A-7）	0.00	100.00	90.91
46	恢复管理组织机制（R-M-1）	100.00	100.00	100.00
47	重建与重构预案（R-M-2）	100.00	100.00	100.00

注：表格内数值表示无量纲化得分。

5.3　供应链韧性综合评价结果

基于前述构建的评价指标体系，本书利用三级指标的得分及其对应的权重，采用线性加权法，对三个 ICT 企业的二级指标维度进行了综合得分的测算。具体结果如表 5-7 所示。

同样地，本书利用二级指标的得分及其对应的权重，采用线性加权法，进一步测算了三个 ICT 企业在一级指标维度上的综合得分，如图 5-1 所示。通过计算一级指标得分，能够从宏观层面更加全面地评估企业在供应链韧性方面的整体表现，为后续的策略制定和改进措施提供了明确的方向指引。

表 5-7　参评企业二级指标综合得分

二级指标	企业 A 得分	企业 B 得分	企业 C 得分
供应链拓扑结构（A-S）	46.32	42.57	61.78
供应链伙伴关系（A-P）	60.75	27.21	100.00
潜在冲击预警体系（A-F）	100.00	100.00	0.00
采购适应性（D-O）	55.56	92.06	15.87
生产适应性（D-P）	91.79	75.87	1.71
物流适应性（D-L）	39.53	15.47	75.85
库存适应性（D-I）	47.47	33.46	51.47
销售适应性（D-C）	42.02	89.87	17.95
售后适应性（D-S）	50.36	68.15	10.27
应急管理体系（D-E）	100.00	100.00	100.00
重建/重构能力（R-R）	100.00	22.92	0.00
替代能力（R-A）	19.88	45.42	95.91
灾后恢复管理体系（R-M）	100.00	100.00	100.00

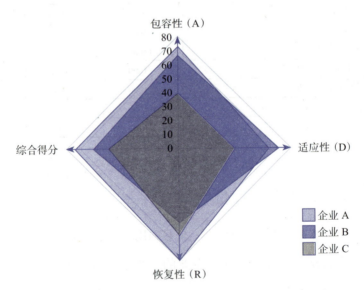

图 5-1　参评企业在一级指标维度上的综合得分蛛网图

由此可见，三个企业在供应链韧性指标的三个维度——包容性、适应性和恢复性上的表现各有千秋。企业 A 在包容性和恢复性两个维度上均取得了较高的分数，这充分表明其供应链系统具有较强的冲击吸收能力，并且在遭受破坏后能够迅速而有效地恢复。然而，企业 A 在适应性维度的得分相对较低。这表明在快速变化的市场环境中，企业 A 需要进一步提升其调整与适应能力。与此相对的是，企业 B 在适应性方面展现出了显著的优势，得分领先于其他两家企业。这一成绩反映了企业 B 能够较为出色地应对供应链中出现的突发事件和冲击。不过，在包容性和恢复性方面，企业 B 的表现就显得相对平庸，这意味着为了增强供应链的稳定性和加快恢复速度，企业 B 还需要在这两个领域做出更多的努力和提升。至于企业 C，情况则不容乐观。该企业在三个评价维度上的得分普遍偏低，特别是在包容性和适应性方面，其得分更是远远落后于其他企业。这一结果体现了企业 C 在供应链韧性方面存在的明显不足。为了全面提升其供应链的整体韧性和应对能力，企业 C 亟须在多个方面进行深入的改进和优化。

为提升供应链韧性，各企业应依据自身在供应链韧性各维度的具体表现，制定具有针对性的改进策略。对于企业 A 这类综合表现优异的企业而言，应重点聚焦于其存在的短板领域——适应性，力求通过改进适应性以进一步增强其全面抵御各类冲击事件的能力。对于如企业 B 这类在某一维度具有显著优势的企业，应致力于巩固并扩大此优势，同时着力改善其他薄弱环节，以实现更为均衡的发展。至于在多个维度均显不足的企业 C，则迫切需要构建一套全面的韧性提升方案。该方案要从各个维度切入，系统地强化其供应链的韧性与灵活性，从而助力企业 C 在激烈的市场竞争中稳固立足，并有效抵御复杂多变的供应链环境所带来的诸多挑战。通过实施这些精准的改进措施，各企业将在持续变化的市场环境中保持稳定的运营状态，并不断提升自身的供应链韧性。

| 第 6 章 |

打造供应链韧性能力

打造供应链韧性能力需要采取多维度、系统性的方法，实现供应链网络布局、冲击全生命周期管理以及管理机制与运行机制的深度融合。这一策略应全面覆盖微观（企业内部运营）、中观（供应链伙伴与市场）及宏观（外部环境变化）三个层面，并深入考量来自这三个层面（四个维度）的冲击。如图 6-1 所示，打造供应链韧性能力应围绕冲击前、冲击中、冲击后三个关键环节展开：在战略层面，构建抗冲击的稳定供应链结构，以增强供应链的包容性；在应急层面，建立快速反应机制，最小化冲击带来的损失，以提升供应链的包容性和适应性；在恢复层面，构建高效的恢复机制，确保供应链在冲击后能迅速恢复正常运作，提升供应链的恢复性（肖勇波，等，2023a）。综上所述，打造供应链韧性能力是一个综合性的系统工程，需要从战略高度进行规划，结合应急管理与恢复重建的具体措施，全方位提升供应链在复杂多变环境中抵御冲击、遭受冲击时做出响应并在遭受冲击后快速恢复的能力。

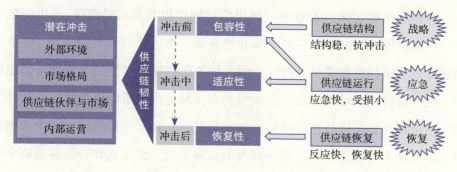

图 6-1 打造供应链韧性能力

针对冲击事件所呈现的小概率和大影响的特性，打造供应链韧性能力的核心目标在于将原本难以捉摸的冲击事件转化为可预测的状态，同时，将那些可能带来巨大破坏的冲击危害转变为可防控、可应对的局面。打造供应链韧性能力，本质上是在构建一种抵御冲击的能力，以及设计一套能够灵活适应冲击并迅速恢复运转的机制。对于企业而言，可以在如下的五个层面中采取措施，以系统性地打造供应链韧性能力：运营战略层面、运营组织架构层面、供应链拓扑结构层面、运营策略层面以及数智化赋能层面（如图 6-2 所示）。

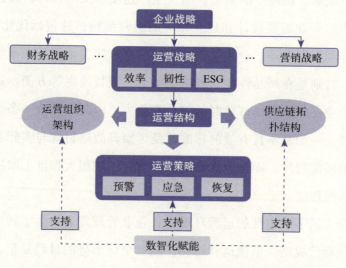

图 6-2 五个层面系统打造供应链韧性能力

在运营战略层面，企业应当将供应链韧性提升到战略高度，"供应链效率、供应链韧性、ESG"三驾马车并驾齐驱。在运营组织架构层面，企业应当建立供应链韧性相关的 KPI，并纳入相关运营管理岗位的业绩评价指标体系。在供应链拓扑结构层面，企业应当在全局范围内重新审视供应链拓扑结构，结合韧性短板进行拓扑结构的调整与优化。在运营策略层面，企业则应当从潜在冲击的预警、应急管理以及事后恢复三个维度选择合适的策略来提升韧性。在数智化赋能层面，企业应当通过大数据和大模型等数智化技术与手段，构建知识驱动的 AI 模型、商务分析与智能决策技术，为企业在不同层面的韧性打造提供支持，赋能企业供应链韧性提升。

6.1 运营战略

如图 6-3 所示，在传统管理理念中，企业的战略目标是其长期发展的核心方向。为了实现这些目标，企业需要明确并提升其在运营方面的能力，包括降低生产成本、提高产品质量、加快生产速度以及增强运营柔性等。为实现这些能力，企业需要设计和建立相应的运营结构，这包括优化工作流程、合理配置和利用资源等。企业运营结构的构建直接关系到其在市场中的竞争力和表现，特别是在产品性能、价格竞争力、交货速度等方面。这些因素共同决定了企业在争取市场订单时的综合竞争力。因此，评价一个企业战略决策是否成功，一个基本且有效的标准就是考察其战略目标与实际获得的市场订单之间的匹配程度。而企业战略的成功与否，则很大程度上取决于其战略与运营的匹配程度。

在当今充满不确定性的运营环境中，企业管理理念发生了转变，因此需要重新定位运营战略，审视运营结构。随着全球形势的日趋复杂，供应链所处的环境越发严峻，重大冲击的发生频率和潜在危害均呈现出显著的增长趋势。因此，企业有必要调整原先效率至上的战略思维，在制定发展战略时，将韧性与可持续发展增加为衡量企业运营状况的关键指标，并将其全面纳入战略决策，形成"效率＋韧性＋ESG"的运营战略。只有这样，企业才能更好地应对日益复杂的外部环境，确保供应链的稳健与可持续发展。例如，联想提出"效率为本，韧性为先，增长为要"的发展战略，而华为也将其企业管理理念凝练为"极简＋韧性"。

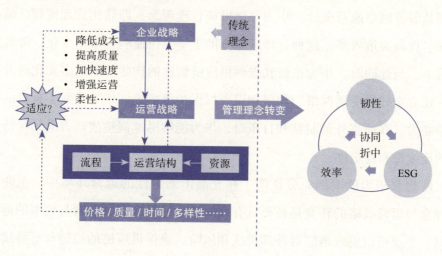

图 6-3　企业战略发展框架

联想是全球领先的 PC 制造商，同时积极拓展数据中心业务和移动设备领域。依据"效率为本"的发展战略，联想始终注重提高运营效率，通过数字化、智能化手段优化生产流程，降低成本，提升产品质量。这种效率导向的策略使联想能够在快速变化的市场中保持竞争力。而根据"韧性为先"的发展战略，联想在面对外部冲击和不确定性时，更加强调供应链的韧性。通过多元化供应商策略、建立紧急应对机制、加强库存管理等措施，确保供应链的稳健运行。此外，联想还注重技术创新，提升产品和服务的差异化竞争力，以应对市场变化。针对"增长为要"的发展战略，联想在保持效率和韧性的基础上，追求可持续增长。通过拓展新市场、开发新产品、提升品牌影响力等方式，联想实现了业务的持续增长，并通过合作共赢机制的设计将绿色制造在供应链上下游合作伙伴间推广，在兼顾效率与韧性的同时，也将ESG纳入考量。这种增长不仅体现在市场份额的扩大上，还体现在企业整体价值的提升上。

华为是全球领先的下一代电信网络解决方案供应商，致力于向客户提供创新的产品、服务和解决方案。华为在全球设立了多个研究所和分支机构，营销及服务网络遍及全球。华为推崇极简管理理念，即简化管理流程、减少层级、提高决策效率。这种管理理念有助于华为快速响应市场变化，降低运营成本。与此同时，华为也极其强调供应链韧性的构建。通过多元化研发投资、建立全球供应链网络、加强知识产权保护等措施，华为增强了自身的抗风险能力。在面临外部制裁和打压时，华为能够迅速调整战略方向，保持业务的连续性和稳定性。

联想和华为的案例充分证明了在充满不确定性的运营环境中，企业管理理念与运营战略的转变是必要且有效的。通过形成兼顾运营与效率的运营战略，企业可以更好地应对外部挑战和风险，确保供应链的稳健与可持续发展。同时，这种战略还有助于提升企业的整体竞争力和市场地位，为企业的长期发展奠定坚实基础。

6.2 运营组织架构

在 ICT 行业中，为应对供应链可能遭遇的多维度重大冲击事件，企业应从组织架构层面出发，通过顶层设计，为供应链韧性的提升奠定更为坚实的组织保障。首先，企业应当在其运营战略部门设立"韧性专岗"，全盘负责供应链韧性的规划与顶层设计。其次，针对来自不同维度的潜在冲击，各运营职能部门应当将相应韧性指标作为 KPI 纳入部门或岗位的考核指标体系。

再次，企业应当在诸如"数字化转型"部门设立"韧性专员"，配合运营管理业务部门开发、运行数据驱动的预警系统。最后，企业应当在供应链管理部门下设立矩阵式的"应急管理与灾后恢复委员会"，通过虚拟组织建立快速反应机制应对冲击中的应急管理以及冲击后的恢复管理。图6-4呈现了一个典型的全球ICT企业的理想组织架构。

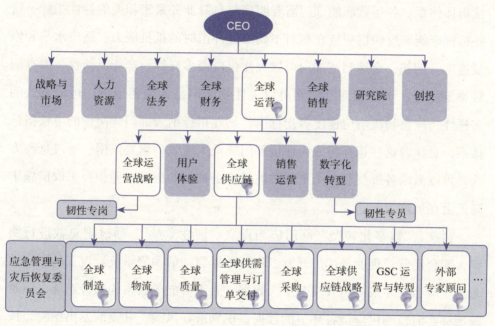

图6-4　全球ICT企业的理想组织架构图

首先，为了从组织架构层面提升供应链韧性，企业在运营战略部门增设"韧性专岗"是一个重要的战略举措。这一岗位将全权负责供应链韧性的规划与顶层设计，确保企业在面对多维度重大冲击事件时能够迅速响应并有效应对。"韧性专岗"作为运营战略部门的关键角色，其职责范围包括：制定供应链韧性运营战略，明确目标、指标和KPI，并设计提升供应链韧性的整体框架和实施方案；定期评估供应链面临的风险，制定相应的应对策略和恢复计划；与采购、生产、物流、IT等部门紧密合作，跨部门协调资源，确保供应链韧性策略的有效执行；建立供应链韧性监控体系，对供应链各环节的运行状况进行持续监控和评估，及时调整优化措施。

其次，针对来自微观（企业内部运营）、中观（供应链伙伴与市场）及宏观（外部环境变化）三个层面（四个维度）的潜在冲击，各运营职能部门（如全球制造、全球物流等）应当将相应韧性指标作为KPI纳入部门或岗位的考核指标体系。各运营职能部门需要明确与自身业务紧密相关的韧性指标。这些指标应能够反映供应链在面对不同维度冲击时的抵抗能力、适应水平和恢复速度。例如，全球制造部门可以关注供应商多样性、产能灵活性、库存周转率等指标；全球物流部门则可以关注物流网络的覆盖范围、运输方式的多样性、应急物流响应速度等指标。将韧性指标纳入部门或岗位的考核指标体系，意味着这些指标将成为评价部门或员工绩效的重要依据。通过这种方式，可以激励各部门和员工更加关注供应链韧性的提升，并积极采取措施来降低潜在风险。

再次，"数字化转型"部门应当设立"韧性专员"，通过副总裁进行协调，配合运营管理业务部门开发、运行数据驱动的预警系统。设立的"韧性专员"应当主导或参与开发基于大数据、人工智能等技术的预警系统，该系统能够实时监测供应链各环节的数据，识别潜在风险，并提前发出预警。该职位还应与运营管理业务部门紧密合作，确保预警系统能够准确反映供应链实际情况，并根据业务需求进行定制化开发。

最后，企业还应当在供应链管理部门下设立一个跨职能、跨层级的矩阵式的"应急管理与灾后恢复委员会"，成员包括来自不同部门（如采购、生产、物流等）的关键人员，以及外部专家顾问。这种矩阵式组织结构结合了虚拟组织的灵活性，能够迅速响应并有效管理供应链中的突发事件及其后续恢复工作，并确保信息的快速流通和资源的有效整合。该委员会负责制定供应链应急管理与灾后恢复策略，建立快速反应机制，监控供应链风险，协调各部门之间的行动，确保在突发事件发生时能够迅速、有序地应对。该委员会利用信息技术手段，通过远程协作和实时沟通，能够有效打破地理界限，使委员会成员随时随地参与决策和行动，提高响应速度和效率。

6.3　供应链拓扑结构

为了提升供应链韧性，ICT 企业应当将供应链网络拓扑结构作为重要考量因素，通过对网络结构的合理设计与优化，提升供应链整体韧性，实现由纯粹面向效率的供应链到效率与韧性协同的供应链的转换。如图 6-5 所示，企业可以采取的方式有：多重寻源、近岸友岸外包、孵化与扶持、国产替代、生态系统合作伙伴、供应链整合等。

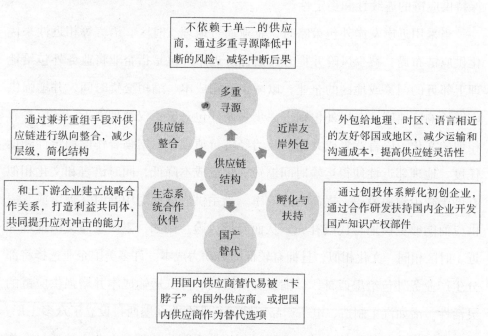

图 6-5　优化供应链拓扑结构

当采用多重寻源的策略时，企业不依赖于单一供应商，以降低供应中断的风险并减轻其后果。单一供应商模式存在高度依赖风险，一旦该供应商出现问题（如生产中断、质量问题、价格变动等），整个供应链可能会受到严重影响。通过多重寻源，企业可以分散风险，确保即使某个供应商出现问题，其他供应商也能及时填补空缺，保证供应链的连续性和稳定性。多重寻源也能够使企业更灵活地调整供应链布局，根据市场需求和供应商表现进行快速响应，在需求激增时，企业可以迅速增加采购量；在供应商表现不佳时，可以迅速切换供应商。例如，当飓风袭击中美洲时，水果生产经销商 Dole 和 Chiquita 的表现截然不同。Dole 在洪都拉斯、危地马拉和尼加拉瓜的种植园遭受严重损失，因而无法满足客户需求；而 Chiquita 则通过增加其他地区（如巴拿马）的产量以及向未受飓风影响的供应商采购水果来满足客户需求。这一案例表明，多重寻源策略有助于企业在面对自然灾害等不可抗力因素时保持供应链的连续性和稳定性。

当采用近岸友岸外包策略时，企业通过地理、时区、语言等相近性来优化供应链布局、减少风险并提升灵活性。近岸外包是指企业将业务外包给地理上邻近的国家或地区的企业，以减少运输成本、缩短交货时间，并增强供应链的响应速度；友岸外包则进一步强调外包对象不仅地理邻近，还应具有相似的文化、语言背景或共同的政治经济价值观，以增强合作的稳定性和信任度。地理邻近性使得运输时间缩短、物流成本降低，同时语言和文化相似有助于减少沟通障碍，提高沟通效率。当主供应链遭遇中断时，近岸或友岸供应商能够更快地替代或补充，从而降低风险。例如，墨西哥与美国地理邻近、时区相同、文化相似，且拥有较低的劳动力成本。许多美国企业选择将部分生产业务外包给墨西哥，以缩短交货时间、降低运输成本并增强供应链的灵活性。诸如汽车制造、电子产品组装等行业企业在墨西哥设立了众多工厂。

采用孵化与扶持策略的企业通过创投体系孵化初创型企业，并通过合作研发等方式扶持国内企业开发国产知识产权部件。企业可以建立或参与创投体系，通过投资、指导、资源对接等多种方式支持初创型企业的发展。这些初创型企业可能拥有创新的技术或产品，但缺乏市场经验、资金或资源。创投体系不仅提供资金支持，还通过技术指导、市场对接、法律咨询等全方位服务，帮助初创型企业快速成长。这种孵化模式有助于发现和培育具有潜力的新技术或产品，为供应链注入新鲜血液。随着初创型企业的成长，它们可能成为供应链中的重要一环。通过与这些初创型企业的合作，企业可以引入新技术、新产品，提升供应链的竞争力和韧性。例如，华为通过与国内多家企业合作，共同开发具有自主知识产权的芯片、软件等部件或产品。这种合作方式不仅提升了国内企业的技术水平，还增强了华为供应链的自主可控性和韧性。华为与海思半导体等企业的合作，推动了国产芯片在通信设备中的广泛应用。

采用国产替代策略的企业，对容易被"卡脖子"的国外供应商，选用国内供应商进行替代，或者把国内供应商作为替代选项，以降低供应中断的风险。企业首先需要识别哪些国外供应商提供的产品或服务是关键且容易被"卡脖子"的。这通常需要对供应链进行风险评估，识别出那些技术门槛高、依赖度高、替代难度大的产品或服务。在识别出关键供应风险后，企业需要对国内供应商的能力进行评估。这包括考察供应商的技术水平、生产能力、质量控制、交货周期、售后服务等方面，以确保其能够满足企业的需求。如果国内供应商具备相应的能力，企业可以与其建立合作关系，逐步将业务从国外供应商转移到国内供应商。这有助于降低对单一供应商的依赖，提高供应链的灵活性和韧性。例如，在 IT 基础设施领域，虚拟化平台、操作系统、数据库等关键技术长期被国外巨头垄断，存在较大的供应风险。以云宏信息科技股份有限公司为代表的国内企业，通过自主研发和技术创新，成功推出了具有自主知识产权的虚拟化云平台软件，实现了对美国 VMware 等国外产品的替代。同时，该公司还积极与国产芯片、操作系统等厂商进行适配和互认证，构建了完整的国产化 IT 生态。这些努力不仅降低了国内企业在 IT 基础设施领域的供应风险，还推动了国内云计算产业的快速发展，提升了国家的信息安全水平。

企业也可以通过搭建生态系统、建立战略合作伙伴关系的方式，与供应链上下游企业形成紧密的利益共同体，共同提升应对冲击的能力（肖勇波等，2023b）。这种共同体不仅关注各自企业的利益，更注重整个供应链的协同发展。通过共享信息、资源和风险，实现供应链的整体优化和稳定。在生态系统中，企业之间建立高效的信息共享机制，以提高供应链的透明度。通过实时共享生产、库存、销售等关键数据，企业可以更加准确地预测市场需求，及时调整生产计划，避免库存积压或短缺。同时，加强协同作业，提高供应链的响应速度和灵活性。面对外部冲击和不确定性因素，生态系统中的企业共同承担风险，共同制定应对策略。通过提前制定应急预案、储备关键物料、加强供应链韧性建设等措施，提高供应链的抗风险能力，在危机发生时能够迅速响应，减少损失。生态系统中的企业共同关注可持续发展和社会责任问题。通过推动绿色生产、节能减排、循环经济等措施，降低对环境的负面影响。同时，积极履行社会责任，关注员工福利、社区发展等议题，提升企业的社会形象和品牌价值。例如，联想采用"关键供应商 ESG 记分卡"，通过多个指标对供应商进行基于合作共赢的绿色管理。这些指标包括 RBA（责任商业联盟）行为准则、CDP（碳披露项目）披露水平、温室气体减排目标、可再生能源使用情况等。联想通过定期为供应商的责任表现记分，并以此作为采购额度的参考，从而推动供应商加强环保意识和实践。

当采用供应链整合策略时，企业通过兼并重组等手段对供应链进行纵向整合，以减少供应链层级，简化供应链结构（肖勇波等，2024a）。纵向整合意味着企业直接控制或参与原本由其他独立企业承担的供应链环节，如原材料供应、生产加工、分销等。通过兼并或建立长期稳定的合作关系，企业能够减少中间环节，缩短供应链长度。减少层级有助于加快信息传递速度，降低信息不对称风险，提高决策的准确性和及时性。此外，纵向整合使企业能够更好地控制关键资源和核心技术，减少对外部供应商的依赖，从而降低供应中断的风险。例如，苹果公司通过纵向整合策略，在硬件制造、软件开发、内容分发等多个环节实现了高度集成。苹果公司不仅设计自己的硬件产品（如 iPhone、iPad 等），还开发了 iOS 操作系统和 App Store 应用商店，控制了整个生态系统的核心环节。这种纵向整合使苹果公司能够确保产品的高品质和用户体验的一致性，同时降低了对外部供应商的依赖。

6.4 运营策略

在企业运营战略的指导下，为了实现韧性供应链的构建，ICT 企业需要做出面向韧性的运营策略选择，即在供应链效率与供应链韧性、短期目标与长期目标，以及局部优化和全局优化之间做出取舍。面对来自内部运营、供应链伙伴与市场、市场格局，以及外部环境四种不同来源的潜在冲击，企业应当从冲击前、冲击中和冲击后三个维度着手，系统性地提升供应链的包容性、适应性和恢复性能力，打造面向供应链韧性的运营策略（如图 6-6 所示）。

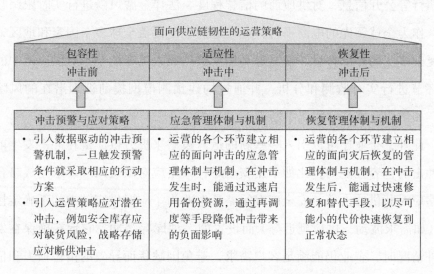

图 6-6　三个维度打造面向供应链韧性的运营策略

6.4.1 面向韧性的策略选择

在冲击发生前，为了提升供应链的包容性能力，企业应当制定数据驱动的冲击预警与应对策略。首先，企业需要建立一个全面的数据收集系统，涵盖供应链上下游的各个环节，包括供应商、制造商、分销商、物流商以及最终客户等。收集的数据类型应多样化，包括交易数据、库存水平、运输信息、市场需求预测、宏观经济指标等。利用大数据技术和先进的分析模型（如机器学习、深度学习等），对收集到的数据进行深度挖掘和分析。通过构建预测模型，动态实时地跟踪研判冲击发生的可能性及其可能后果。这些冲击可能包括自然灾害、政治动荡、经济衰退、供应链中断等。基于历史数据和专家经验，设定合理的预警条件。当监测到的数据达到或超过这些条件时，系统自动触发预警信号，提醒企业采取相应的行动方案。一旦预警被触发，企业应迅速启动应急预案，调动资源应对潜在风险。同时，利用数据分析结果为企业提供决策支持，优化资源配置，降低冲击对供应链的影响。例如通过实时大数据分析技术，企业可以跟踪与供应商相关的法院判决、强制执行等公开信息，对供应商的信誉程度、法律金融风险进行实时跟踪与评估。作为全球领先的电商平台，亚马逊供应链覆盖全球多个国家和地区，面临复杂多变的外部环境。亚马逊利用大数据和人工智能技术对供应链中的各个环节进行实时监测和分析，并通过构建预测模型提前识别潜在的风险因素，如供应商破产、物流中断等。

此外，企业还可以引入一些新的运营策略来提升供应链在冲击发生前抵御冲击的包容性能力，比如采用安全库存策略应对缺货风险、采用战略存储策略应对断供冲击等。安全库存策略是企业为了应对供应链中的不确定性因素（如需求波动、供应延迟等）而设置的一种库存缓冲。它旨在确保在发生意外情况时，企业仍能满足客户需求，避免因缺货而导致的销售损失和信誉损害。战略存储策略则是企业为了应对供应链中断风险而采取的一种长期库存管理策略。它要求企业在关键地点或节点设置战略库存,以便在发生供应链中断时能够迅速调配资源,保障生产和销售的连续性。苹果公司作为全球知名的电子产品制造商,其供应链遍布全球多个国家和地区。为了应对供应链中断风险,苹果公司在全球范围内设置了多个战略库存点。这些库存点不仅存储了关键零部件和原材料,还配备了先进的物流系统和信息系统。一旦某个地区的供应链发生中断,苹果公司可以迅速从其他库存点调配资源,确保生产和销售的连续性。此外,苹果公司还通过多元化供应商策略和风险分散策略来降低对单一供应商或地区的依赖程度,进一步提高供应链的韧性能力。

在冲击发生的过程中,为了提升供应链的适应性能力,企业应当在运营的各个环节建立相应的面向冲击的应急管理体制与机制,从而能够在冲击发生时通过迅速启用备份资源、再调度等手段降低冲击带来的负面影响。在冲击发生前,企业首先应当建立资源备份,例如:在关键供应链节点设置备份供应商或生产设施,以应对主供应商或生产设施中断的风险;建立物流备份方案,包括备用运输路线、仓储设施和配送网络等,以便在发生中断后第一时间投入使用。在冲击发生时,企业应当立即启动应急预案,对供应链进行再调度,包括调整生产计划、采购计划和物流计划等。再调度需要企业具备高度的灵活性,建立灵活的生产和物流体系,以应对各种突发情况和不确定事件。在2020年新冠疫情期间,亚马逊迅速启动了应急预案,对供应链进行了再调度,增加了对医疗用品和生活必需品的采购和生产,同时优化了仓储和配送网络以应对需求激增。华为在2019年被美国实施制裁后,迅速调整了供应链策略并加强了与国内供应商的合作,以确保关键零部件的供应。

在冲击发生后,为了提升供应链的恢复性能力,企业应当在运营的各个环节建立相应的面向灾后恢复的管理体制与机制,通过快速修复和替代手段,以尽可能小的代价快速恢复到正常状态。在冲击发生后,企业应立即进行评估,了解供应链受损情况和影响范围。基于评估结果,迅速启动恢复计划,调动资源进行修复和替代,并在恢复过程中持续监控供应链的状态和恢复情况。企业应同步根据实际情况对恢复计划进行调整和优化,以确保恢复工作的顺利进行。例如丰田在面对自然灾害(如地震)等冲击时,就展现了较好的供应链恢复能力。丰田通过构建具有流程柔性的工厂,实现多种车型并线生产。当一个工厂受到冲击时,可以迅速将生产转向其他工厂。此外,丰田还要求供应商构建柔性生产线和持有充足库存,以便在关键零部件供应中断时能够迅速替代。

6.4.2 深入全流程的策略设计

企业运营策略的设计则需要深入全流程,从采购、生产、物流、库存、销售以及服务六个环节出发,确保企业运营流程中所有环节都有相应的韧性策略,以实现企业运营战略中的韧性定位(肖勇波等,2024b)。

1. 采购

在采购环节,企业应当与供应商建立战略合作伙伴关系,采用多元化采购策略(如长期合同与现货交易的双渠道策略),并与供应商进行信息共享,以提高信息透明度。与供应商建立战略合作伙伴关系意味着双方不仅仅是简单的买卖关系,而是基于共同目标、信任和长期合作的基础上形成的紧密关系。这种关系能够增强供应链的稳定性,提高响应速度,降低风险,并促进双方的共同成长。丰田供应链管理的一个重要维度就是与供应商建立长期的战略合作伙伴关系。丰田不仅与供应商分享市场信息、生产计划,还通过技术指导和培训帮助供应商提升能力,实现共同成长。这种紧密的合作关系使得丰田能够快速响应市场变化,同时保证零部件的高质量供应,极大地提高了供应链的韧性。多元化采购策略是指企业通过与多个供应商建立合作关系,以满足采购需求。这种策略可以降低对单一供应商的依赖,提高采购的灵活性和抗风险能力。例如惠普就采用了灵活采购方式,其远期合同供应商、灵活非约束协议以及现货交易执行的采购比例分别为50%、35%和15%。惠普灵活的采购策略使得其在面对存储芯片价格大幅波动时仍然能够以较为稳定的价格获得芯片并保持生产运作的连续性。与此同时,信息共享也是提高供应链韧性的关键因素。通过加强企业与供应商之间的信息共享,可以提高供应链的可见性和协同性,及时发现并解决潜在问题,降低中断风险。沃尔玛通过采用快速反应系统和供应商库存管理模式进行供应链管理,实现了销售信息的即时交换。这种信息共享机制使得沃尔玛能够及时调整库存和采购计划,降低库存成本,提高响应速度,从而提高了供应链的韧性。

2. 生产

在生产环节,企业应当进行生产线备份,以在生产中断时启用;建立产能冗余,以应对需求激增或供应链中断;实现制造网络多元化,以减少对单一基地的依赖;提升工厂的一致性,让产品无缝移动;打造柔性生产能力配置,以自如应对需求震荡。生产线备份是指企业为关键生产线设置备用生产线或设备,以便在主生产线出现中断时能够迅速启用,确保生产活动的连续性。这种策略有助于减少生产中断导致的损失,提高供应链的韧性。在新冠疫情期间,比亚迪迅速调整生产线,从汽车制造转向口罩生产,充分表明比亚迪生产线的灵活性和备份能力。因而在面临外部冲击时,比亚迪能够迅速调整生产资源,启用新的生产线来满足市场需求。产能冗余是指企业在正常生产需求之外,保留一定的额外生产能力,以应对需求激增或供应链中断等突发情况。这种策略有助于确保企业在面对不确定性时,能够保持生产的稳定性和连续性。例如台积电在产能规划上具有较强的前瞻性,会根据市场需求和技术发展趋势提前进行产能布局。通过提前建设新厂房、采购新设备等方式，台积电能够确保在未来需求增长时，有足够的产能来满足市场需求。

制造网络多元化是指企业在全球范围内建立多个生产基地或制造中心，以减少对单一基地的依赖。这种策略有助于分散风险，提高供应链的可靠性和韧性。苹果公司在全球范围内拥有多个生产基地，包括中国、印度、越南等地。这种多元化的制造网络使得苹果公司能够灵活应对各种不确定性因素，如贸易政策变化、自然灾害等。提升工厂的一致性是指通过标准化和模块化等手段，使不同工厂或生产线之间的生产过程和产品标准保持一致。这种一致性有助于实现产品在不同工厂之间的无缝移动和互换，提高供应链的灵活性和韧性。丰田在其生产过程中，广泛采用了平台化战略，即不同车型使用同一个生产平台进行生产。在丰田的 TNGA（Toyota New Global Architecture）架构下，平台可以针对不同类型的车型进行生产，如 TNGA-C 平台专注于不同型号前驱小型车/紧凑型车的制造，而 TNGA-L 平台则致力于不同型号后驱中大型车的制造。这种平台化设计使得不同工厂或生产线可以生产相同或类似的产品，从而实现生产过程和产品标准的一致性。当某个工厂出现生产中断时，其他工厂可以迅速接管生产任务，确保生产的连续性和稳定性。

柔性生产能力配置是指企业能够根据不同的市场需求和生产任务，灵活调整生产线的配置和产能。这种柔性能力有助于企业自如应对需求震荡和不确定性因素。蔚来工厂的生产线具备高度的柔性化能力，可以满足多种车型和配置的混线生产。这意味着在同一条生产线上，可以同时生产不同型号、不同配置的汽车，大大提高了生产效率和灵活性。例如，蔚来工厂采用了"魔方"车辆存取平台，该平台可以预存各种"毛坯"车身，并根据订单需求迅速调用车身，发往各条定制化的生产线进行装配。这种设计使得蔚来能够灵活应对不同客户的个性化需求以及供需波动，实现从订单到交付的快速响应。

3. 物流

在物流环节，企业应当与物流商进行信息共享，提高信息透明度；打造多元化物流方式以及运输通道；建立运输能力冗余及路线备份。通过与物流商建立紧密的信息共享机制，企业可以实时获取物流动态，包括库存水平、运输状态、订单跟踪等，从而及时调整生产计划，降低库存成本，提高响应速度。此外，信息共享还有助于双方共同应对突发事件，如自然灾害、疫情等，通过协同作战，减少损失，保障供应链的稳定运行。多元化物流方式和运输通道也是提升供应链韧性的重要手段。企业应根据产品特性和市场需求，灵活选择多种物流方式（如公路、铁路、航空、海运等）以分散风险，提高供应链的可靠性和灵活性。此外，企业还应关注新兴物流技术和发展趋势，如无人机配送、智能物流机器人等，以进一步提升物流效率和服务水平。亚马逊在物流领域构建了多元化的物流网络和运输通道。其自建的物流体系遍布全球，包括多个分拣中心、配送中心和仓库。同时，亚马逊还与多家第三方物流公司合作，以确保在全球范围内的快速配送。运输能力冗余和路线备份也是应对供应链中断风险的重要措施。企业应预留一定的运输能力和备用路线，以应对突发事件导致的运输中断。当主运输路线受阻时，企业可以迅速切换到备用路线，确保货物的及时送达。苹果公司在全球范围内建立了庞大的供应链体系，其中包括多个生产基地、分销中心和仓库。为了确保供应链的稳定性和可靠性，苹果公司在运输环节采取了多种措施。例如，苹果公司与多家运输公司签订了长期合作协议，以确保在紧急情况下能够获得足够的运输资源。

4. 库存

在库存环节，企业应当在安全库存的基础上对关键物料引入战略性库存，建立仓库备份与仓库容量冗余，并实现存储网络多元化与一致性。战略性库存是指企业为应对长期或重大不确定性而储备的库存，其数量通常高于安全库存水平,以确保在极端情况下仍能维持生产活动。丰田在生产过程中,对关键零部件(如发动机、变速器等)引入了战略性库存。这些零部件的供应受到全球供应链的影响,且对生产至关重要。通过保持较高的战略性库存水平,丰田能够在供应商出现问题或全球供应链中断时,保持生产的连续性。仓库备份和仓库容量冗余是提升供应链韧性的重要措施。仓库备份指的是在不同地区或不同国家建立多个仓库,以分散风险。当某个仓库受到自然灾害、政治动荡等不可抗力因素的影响时,其他仓库可以迅速接管其业务,确保供应链的连续性。仓库容量冗余则是指在每个仓库中预留一定的空间或资源,以应对突发需求或供应中断。亚马逊在全球范围内建立了多个仓库,形成了庞大的物流网络。这些仓库不仅分布在不同的国家和地区,还采用了先进的仓储管理系统和自动化技术,以提高运营效率。此外,亚马逊还在每个仓库中预留了一定的空间作为冗余容量,以应对节假日等高峰期的需求增长或突发事件导致的供应中断。

存储网络多元化指的是企业通过多种方式、多种渠道来存储和管理库存,以降低对单一存储方式的依赖。这包括使用不同类型的仓库(如自有仓库、第三方仓库、公共仓库等)、不同的存储技术(如自动化仓储、智能仓储等)以及不同的地理位置等。苹果公司在全球范围内建立了多个仓库和分销中心,形成了多元化的存储网络。这些仓库不仅分布在不同的国家和地区,还采用了先进的仓储管理系统和自动化技术。同时,苹果公司还注重存储网络的一致性建设,通过统一的信息系统和流程标准,确保各个仓库之间的信息共享和协同作业。这种多元化的存储网络和一致性的管理模式使得苹果公司在面对供应链中断等风险时能够迅速调整策略,保障产品的及时供应。

5. 销售

在销售环节,企业应当与销售商建立战略合作伙伴关系;建立与销售商的信息共享机制；打造销售方式与渠道的多元化，并引入灵活的产品定价策略。与销售商建立战略合作伙伴关系是企业提升供应链韧性的重要一环。这种关系不仅有助于增强双方之间的信任与合作，还能在供应链面临风险时提供支持。通过建立长期稳定的合作关系，企业可以确保销售渠道的稳定性和可靠性，减少因销售商变动而带来的不确定性。宝洁与其销售商建立了紧密的战略合作伙伴关系。宝洁通过提供市场洞察、产品培训和销售支持等措施，帮助销售商提升业务能力和市场竞争力。同时，宝洁还与销售商共享市场信息和销售数据，以便双方更好地协同应对市场变化。这种合作伙伴关系使得宝洁能够更有效地管理其供应链，并在面对市场波动时保持稳定的销售业绩。

此外，企业还应当与销售商建立有效的信息共享机制，实时共享市场需求、库存状况、销售预测等信息。该措施有助于双方更准确地把握市场动态，及时调整生产和销售计划，降低库存积压和缺货风险。多元化的销售方式与渠道可以降低企业对单一销售方式的依赖，提高供应链的灵活性和韧性。企业还应当积极探索线上线下相结合的销售模式，拓展多种销售渠道，如电商平台、社交媒体、直播带货等。例如，小米不仅通过传统的实体店和电商平台进行销售，还积极开拓了社交媒体和直播带货等新兴渠道。小米通过与知名主播和网红合作，利用他们的粉丝基础和影响力推广产品，取得了显著的销售成果。此外，小米还注重线上线下渠道的融合，通过线下体验店和线上商城的联动，为消费者提供更加便捷和个性化的购物体验。灵活的产品定价策略有助于企业更好地应对市场变化和竞争压力。企业应当根据市场需求、成本变化、竞争对手策略等因素，及时调整产品价格。华为在面临芯片短缺以及产能不足时，会通过优先生产其旗舰产品，例如 Mate 系列、P 系列等高端智能手机，以及企业级网络设备、云计算服务等高附加值产品，以更好地对供给与需求进行匹配。

6. 服务

在服务环节，企业应当建立售后服务与维修网点能力冗余，提升售后网点布局优化与一致性并建立售后的快速响应机制（如召回等）。售后服务与维修网点的能力冗余意味着企业在不同地区设置足够的维修中心和备件库存，以应对突发情况或高峰期的服务需求。苹果公司在全球范围内建立了庞大的售后服务网络，包括官方授权的维修中心和 Apple Store。这些维修中心不仅提供高质量的维修服务，还储备了充足的备件，以确保在需要时能够迅速满足用户的维修需求。售后网点的布局优化是指根据市场需求、用户分布和交通状况等因素，合理规划维修中心的位置和数量。一致性则要求各网点在服务质量、服务流程和用户体验等方面保持统一标准。海尔在国内市场拥有广泛的售后服务网络，注重提升售后服务的标准化和一致性，通过培训和考核确保各网点的服务质量和流程达到统一标准。此外，海尔还利用数字化技术建立了售后服务管理平台，实现了对售后服务的实时监控和调度，进一步提升了售后服务的效率和用户体验。售后的快速响应机制要求企业在接到用户反馈或投诉后，能够迅速做出反应并采取措施解决问题。这包括建立紧急响应团队、制定应急预案、提供 24h 客服支持等。通过建立快速响应机制，企业可以缩短问题解决时间，提高用户满意度和忠诚度。安利公司在未发生任何人身伤害的前提下，主动向公众披露了产品可能存在的问题，并宣布召回计划。安利公司委托国内知名的海尔售后服务机构（即海尔旗下的日日顺）为消费者提供免费上门更换电源线的服务。这种合作不仅体现了安利公司的责任感，也借助了合作伙伴的专业能力来确保召回行动的高效执行。

深入全流程的韧性运营策略设计如图 6-7 所示。

图 6-7　深入全流程的韧性运营策略设计

6.5　数智化赋能

数智化赋能为企业运营组织架构的搭建、供应链拓扑结构的构建，以及运营策略的设计都提供了智能分析与决策角度的支持。

首先，企业应打造安全可靠的数字化基础设施。为了预防系统性攻击，应建立多层防御体系，定期进行安全审计与漏洞扫描，并加强安全培训与意识提升。为严防数据泄露，企业应做好数据加密和访问控制工作，并建立数据备份与恢复机制，以应对黑客恶意入侵与锁定企业数据库。此外，为了确保系统可用性，企业应确保系统在高并发或单点故障时仍能正常运行，并建立异地容灾备份中心。

其次，企业应建立数字化的供应链韧性动态评价系统，动态识别供应链韧性的短板。利用物联网（IoT）、大数据、人工智能等先进技术，该系统应当实时采集供应链各个环节的数据，并进行清洗、整合和分析，确保数据的准确性和及时性。基于构建的评价指标体系和数据，系统能够动态评价供应链的韧性水平，并自动识别出潜在的风险点和薄弱环节。同时，系统应具备预警功能，当发现潜在风险时，能够及时向相关部门和人员发出预警信息。根据评估结果和预警信息，该系统能够为企业提供针对性的优化建议和决策支持，帮助企业提升供应链的韧性水平。这些建议可能包括改进供应商管理、优化库存策略、加强物流运输能力等。例如，联想智能控制塔是联想自主研发的供应链管理系统，旨在通过构建以数据驱动的智能供应链生态体系，实现供应链的智能化转型。该系统覆盖了从需求到订单、库存、采购、制造、物流以及质量管理的全链条，为联想全球供应链及其合作伙伴提供端到端的整体可见性和近乎实时的大数据运营分析。管理者可以清晰地了解30多家自有及合作工厂、2 000多家核心零部件供应商、280万家分销商和渠道商，以及服务180多个国家和地区的客户的需求和供应情况。系统能够应用人工智能、机器学习等技术进行运营重点问题的决策建议和仿真模拟，辅助供应链管理者做出决策。通过智能化的分析预警和风险识别，联想智能控制塔能够帮助企业快速响应市场变化，降低供应链风险。在面对突发事件如供应链中断或市场需求突变时，系统能够迅速调整供应链策略，确保供应链的连续性和稳定性。

最后，企业应当基于大数据和大模型进行数智化赋能。企业可以对潜在冲击进行仿真模拟，这是一种通过模拟各种可能发生的供应链中断或风险事件，来评估和优化供应链拓扑结构的方法。这种方法可以帮助企业识别供应链中的脆弱环节，预先优化供应链拓扑结构，以增强供应链的韧性和抗风险能力。数字孪生系统可以辅助企业进行运营能力的备份和冗余设计，始终对供应链运行状态进行检测，并在部分供应链环节出现故障时快速切换到备份或冗余系统，保障供应链的连续性和稳定性。联想的智能控制塔就是数字孪生系统在供应链管理中的典型应用。联想通过构建全球供应链的虚拟模型，实现了对供应链各环节的实时监控和预测分析。同时，联想还利用数字孪生系统进行了运营能力的备份和冗余设计，确保在面对突发事件时能够迅速调整供应链策略，保障生产和供应的连续性。企业还可以采用数据驱动的冲击预警策略。通过分析海量数据（包括文本、图像、视频等）来识别供应链中的潜在风险和冲击事件，并提前发出预警信号。这种方法可以帮助企业及时应对供应链中的突发事件，减少损失并提升供应链的韧性。采用智能化决策系统，则可以助力日常运营决策中运营效率与供应链韧性的有效协同。此外，数智化系统通过集成大数据、云计算、物联网等先进技术，能够为企业提供快速应急响应和灾后恢复的能力。在供应链管理中，数智化系统可以在突发事件发生后迅速启动应急预案，调配资源并恢复生产。同时，系统还能够对灾后供应链进行快速评估和优化，确保供应链的快速恢复和稳定运行。

结　语

提升我国关键产业链和供应链的韧性已成为政府、业界及学界的共同认知。在当前全球化背景下，如何切实有效地增强供应链的韧性，以更好地抵御未来可能出现的各类冲击，已成为我国ICT行业亟待解决的重要课题。

ICT行业作为现代科技领域的核心产业，其供应链结构复杂且独特，呈现出多点、多链的特征。尽管与传统供应链在某些方面存在相似之处，但其高度的结构复杂性、动态演进性、全球分布性以及链主的主导性等特性，使得ICT供应链在面对重大冲击时会呈现出与传统供应链不同的情况，例如地缘政治风险、自然灾害、贸易争端等。这些冲击在短期内可能导致供应链中相关环节的供需严重失衡，进而对供应链企业的运营绩效产生直接影响。从长期来看，这些冲击更可能对我国产业链在国际上的竞争力造成深远的影响，甚至直接关系到相关产业链的未来发展。

本书聚焦ICT行业，围绕该行业过去遭受的重大冲击以及未来发展趋势，从微观、中观和宏观三个层面系统梳理与识别行业面临的潜在冲击。在此基础上，遵循冲击前、冲击中和冲击后的逻辑，分别构建包容性、适应性和恢复性三个维度的韧性评价指标体系，创建了 ICT 行业的供应链韧性 AAR 指标体系，涵盖了 13 大类 47 个指标。基于该指标体系，本书结合层次分析法提出了供应链韧性的评价方法。结合三家目标企业的数据，本书进行了供应链韧性试验性评价，并识别了供应链运营中的薄弱环节。最后，针对如何有效打造供应链韧性能力的问题，本书提出要从运营战略、运营组织架构、供应链拓扑结构、运营策略以及数智化赋能五个层面进行统筹规划和系统设计。随着运营环境的变化以及企业韧性能力的提升，本书提出的供应链韧性评价指标体系可以持续进行更新，并对企业韧性进行持续的评价与优化提升，形成"指标—启示—提升"的良性循环。

在经历了新冠疫情、芯片供应短缺以及制造业转移等一系列重大冲击后，我国关键产业链供应链仍面临着西方国家的持续挑战。然而，中国作为一个坚韧不拔的国家，始终致力于提升关键产业链供应链的韧性与安全水平，努力通过技术创新、产业优化以及供应链管理策略的调整，来增强供应链的竞争力。这一系列举措不仅是应对当前挑战的重要措施，也是推动我国经济持续健康发展的关键一环。

参考文献

[1] AWAYSHEH A, KLASSEN R D. The impact of supply chain structure on the use of supplier socially responsible practices[J]. International journal of operations & production management, 2010, 30(12): 1246-1268.

[2] BORGATTI S P, LI X. On social network analysis in a supply chain context[J]. Journal of supply chain management, 2009, 45(2): 5-22.

[3] BUI T D, TSAI F M, TSENG M L, et al. Sustainable supply chain management towards disruption and organizational ambidexterity: a data driven analysis[J]. Sustainable production and consumption, 2021, 26: 373-410.

[4] CHOPRA S, SODHI M M, LÜCKER F. Achieving supply chain efficiency and resilience by using multi - level commons[J]. Decision sciences, 2021, 52(4): 817-832.

[5] CHRISTOPHER M, PECK H. Building the resilient supply chain[J]. International journal of logistics management, 2004, 15(2): 1-14.

[6] DISNEY S M, TOWILL D R. A discrete transfer function model to determine the dynamic stability of a vendor managed inventory supply chain[J]. International journal of production research, 2002, 40(1): 179-204.

[7] DONG L, KOUVELIS P. Impact of tariffs on global supply chain network configuration: models, predictions, and future research[J]. Manufacturing & service operations management, 2020, 22(1): 25-35.

[8] GUALANDRIS J, LONGONI A, LUZZINI D, et al. The association between supply chain structure and transparency: a large-scale empirical study[J]. Journal of operations management, 2021, 67(7): 803-827.

[9] GULATI R. SYTCH M. Dependence asymmetry and joint dependence in interorganizational relationships: effects of embeddedness on a manufacturer's performance in procurement relationships[J]. Administrative science quarterly, 2007, 52(1): 32-69.

[10] IVANOV D. Introduction to supply chain resilience: management, modelling, technology[M]. Berlin:Springer Nature, 2021.

[11] JIANG Y S, FENG T W, HUANG Y F. Antecedent configurations toward supply chain resilience: the joint impact of supply chain integration and big data analytics capability[J]. Journal of operations management, 2024, 70(2): 257-284.

[12] LONGO F, ÖREN T. Supply chain vulnerability and resilience: a state of the art overview[C]// European modeling & simulation symposium.Proceedings of the European modeling & simulation symposium.GENOA: [s.n.], 2008.

[13] ORDÓÑEZ DE PABLOS P. Western and Eastern views on social networks[J]. The learning organization, 2005, 12(5): 436-456.

[14] PETTIT T J, CROXTON K L, FIKSEL J. Ensuring supply chain resilience: development and implementation of an assessment tool[J]. Journal of business logistics, 2013, 34(1): 46-76.

[15] PFEFFER J, SALANCIK G R. The external control of organizations: a resource dependence perspective[M]//MINER J B.Organizational behavior 2. New York: Routledge, 2015.

[16] PONOMAROV S Y, HOLCOMB M. Understanding the concept of supply chain resilience[J]. The international journal of logistics management, 2009, 20(1): 124-143.

[17] RICE J B, CANIATO F. Building a secure and resilient supply network[J]. Supply chain management review, 2003, 7(5): 22-30.

[18] TOMLIN B. On the value of mitigation and contingency strategies for managing supply

chain disruption risks[J]. Management science, 2006, 52(5): 639-657.

[19] 肖勇波，胡行，孔德梅，等 . 生态链管理与现代化产业体系的打造：困境与破局之道 [J]. 清华管理评论，2023（12）：73-82.

[20] 肖勇波，李扬，祁宏升，等 . 消费电子产业链外迁：态势及应对策略 [J]. 清华管理评论，2024（5）：19-27.

[21] 肖勇波，梁湧，祁宏升，等 . 如何提升供应链的韧性 [J]. 清华管理评论，2023（6）：16-23.

[22] 肖勇波，林群庚，张继红 . 面向供应链韧性的共享制造模式 [J]. 清华管理评论，2024（9）：52-60.